大展好書 好書大展
品嘗好書 冠群可期

大展好書　好書大展
品嘗好書　冠群可期

超現實心靈講座 17

仙道符咒氣功法

高藤聰一郎／著
杜秀卿／譯

大展出版社有限公司
DAH-JAAN PUBLISHING CO., LTD.

前言

符咒氣功法是利用中國符咒圖的力量來進行氣功法的技巧。那麼，何謂符咒呢?是中國的魔法。符咒的符意味護符、靈符，咒則是咒語的意思。使用這種東西進行魔法，在中國稱為符咒之術。

那符咒氣功是不是一種魔法呢?不是的，它是一種氣功法。不過它使用到符咒圖，就和一般的氣功法不同了。

做了之後會有什麼效果呢?容後詳述。總之，會出現驚人的效果，絕對不是普通氣功法的效果可以比擬的。

經常聽人說練氣功，了解氣的感覺，感覺變得異常敏銳，獲得健康，但這些說法已顯得陳腐，大家可能都已經聽膩了。可是，氣功的確能發揮很好的效果。

進行符咒氣功法，立刻就能產生這種效果，而且一開始就會出現。這是因為圖本身就能發出這種力量，此即符咒氣功法的特殊之處，不是人所產生的力量，而是圖所給予的能力。

那麼以這種符咒圖來做訓練會發生什麼情形呢？簡言之，立刻就能發現與普通氣功法不同的效果。

例如，符咒圖的力量能夠使你活動手，自動的進行氣功。也就是說，即使自身沒有特意地進行氣功法，圖也能使你投入實行氣功法的狀態，這都是因為圖本身就具有力量。如此一來，與其說是氣功法，還不如說是符咒氣功法。

不僅如此，世上一些不可思議的現象，使用符咒圖後就能發現。

例如，光是在紙上畫符咒圖，實行符咒氣功法時，圖就浮現在眼前，看起來好像是立體圖片一樣，的確很不可思議。

利用這個浮現眼前的圖實行氣功法時，就會發現不可思議的現象，有如雲霧般的氣體狀物質出現圖周圍。

光是這樣就能稱作氣功法，的確非常奇妙，但事實上，這不過是個開端而已。更奇妙的是實際訓練時的現象，或者我們可以把它當成是一種技巧，利用本書實行氣功時，就能發現一些現象。

我之所以著成本書，就是希望有更多人了解氣功法的深義。

在中國，寫書法進行氣功稱作書道氣功，在炭火前圍成圓圈跳舞，吸收火的力量稱作炭火功，或是會出現香氣的香功，或是好像變魔術似的氣功，形式不一。這些氣功以普通氣功的觀點來看，的確非常神秘，但是思及氣功法的深義，便知不可等閒視之。

我的氣功法與此同列，而且是更為發展的方法。這些中國特異氣功法，如果自己不多加努力就無法產生效果，但是我的符咒氣功法，自己不必進行，圖就會引導人進入神奇的狀態。

因此不必要像普通氣功法那樣進行過度的訓練。當然，不是說完全不用訓練，可是即使不像普通氣功法要求的那麼嚴格，也能夠達到目的，這就是符咒氣功法的特徵。

符咒氣功法在基礎階段就已經具有相當深的涵意，在應用階段更是如此。

所以單純的應用，有助於普通氣功的技術提昇。任何氣功法都可以利用，尤其對我所想出的練氣功而言，更具有超群的效果。這是因為本書就是基於練氣功的形態而介紹符咒氣功法。因此光是沿著圖的軌跡進行訓練，在不知不覺中就能矯正錯誤、不良的姿勢，成就正確的練氣功。希望獲得健康氣功的人，可以以此當作輔助教材。

對於變魔術有興趣的人，更可以藉此擁有很多的應用技巧。

例如，符咒氣功所使用的圖，製成如月票般大小，放在胸前口袋裡，在擁擠的車上光是凝視它，即使沒有實際進行氣功訓練，都能夠產生氣功法的效果。

不必因而感到驚訝，還有更偉大的技巧呢！甚至不必用到圖也能產生氣功的效果。此為無圖法，就是什麼都不使用，也不進行氣功法，就能產生氣功的效果。

夠教人驚訝的了，然而實際上，還有奇妙的符咒氣功法的應用。使用這種技巧時，即使不去練內功，也能擁有內功。

正確地說，使用這個技巧之後，不練內功就能進行內功主要的行——小周天（讓氣在體內循環一周的技巧），當然，並不需要內功特有的打坐，或仙道獨特的呼吸法。只要面對符咒圖，做出符咒氣功的手勢，就能成就內功。

總之，這許多技巧都是只要使用圖和照片，以視覺的方式為各位解說，所以實際上簡單易懂。

真正想要學習氣功法的人，或是習過各種氣功法，想要找尋更深入氣功法的人，或是希望將超能力和氣功結合起來的人，或是曾看過拙作的人……本書對各位都有幫助。

為了開創氣功法的時代，希望大家都能閱讀本書。

目錄

第三章　簡單描繪就能強化氣發生的符咒氣功法基本訓練

第四章　神奇現象會立刻出現的太極圖符咒訓練

第五章　符咒氣功法的高度技巧與應用秘術

附圖　全尺寸圖集……二〇九

第一章

發現神秘效果的符咒氣功法

巨大符咒引導你進入超能力的世界

也許各位從未聽說過符咒氣功法，這是我所發現氣功法驚人的應用法之一。

符咒，語義就是「符」與「咒」。符一般是指護符，而咒則是指咒語。也就是說符咒係使用護符或咒語進行如魔法般的行為，可將其視為中國固有的魔法，因此，符咒氣功法就是使用符咒的氣功法。

但是並非只使用小小的符或唸唸咒語就能擁有氣的力量，而熟悉氣功法。那麼，是不是利用符等的想像來進行氣功法呢？也不是如此（累積修行即可辦到），並非這樣單純的瞑想法。

那到底是什麼呢？換言之，就是將符咒所使用之符的圖形，亦即象徵的圖形放大到巨大的尺寸——如果這麼說各位還不明白，簡言之就是「使用等身大」的圖形來進行氣功法。

這麼一來就和使用小小的符完全不同，即使是普通人也能立刻感受到由符所發出如力量般的獨特感覺。

這種符光是貼在面前，就會發出強烈的力量。就算是對於氣的感覺遲鈍的人，站在它前面便能實際感受到氣。

假如在這圖形前面或上方進行氣功法的動作，又會如何呢？這與不使用圖形，自己一個人練氣功法相比較，能感受到一股不可相比擬的強烈力量。

一旦使用符咒，與進行普通氣功法訓練的感覺完全不同，而且會出現不可思議的現象。

我就列舉幾個不可思議的現象，供各位做為參考——

在我所編的氣功法中，有一種「旋腕」的訓練。我參考進行這種訓練的符咒圖形，設計出巨大的圖形。請看左圖，這是太極圖，裡面排列著兩個巨大的太極記號。

如果要畫正式圖，非常花時間，所以雖然效果較差，我還是利用簡圖。簡圖如圖片所示

↑面對由巨大雙重橢圓所構成的「旋腕」簡圖進行訓練。
←「旋腕」的正式圖是2個並排在一起的太極圖。

，是由兩個橢圓形構成的，一用實線繪成，一用虛線畫出。

實行者站在圖前，雙手手掌分別對住橢圓形數公分遠，沿著軌跡轉動手腕。換言之在進行訓練時，彷彿隨圖畫橢圓形一樣。

當我的手掌罩在這圖形上時，突然，我感到它——尤其是線條部分產生一種強烈的吸引力，而在手沿著軌跡移動時，終於出現奇妙的狀態，就算心裡不想，手卻自動的沿著線條走。越是放鬆力量，手越會自動的沿著軌跡移動，就好像受圖形控制一樣。

因為不是下意識這麼做的，所以再怎麼動也不會感到疲倦。如果自己不想停，動作會永無休止的持續下去。

像這樣永無休止的訓練，當然能夠增強氣的力量。進行十五分鐘以後，在體內會產生陽氣（仙道所說的熱氣），形成一種舒適的狀態。

一切都是由巨大的符產生的力量，自動的使手和手臂移動，而世間所流行的氣功法等，特意練習的方法便顯得愚不可及。利用這巨大的符咒圖就能夠學會正確氣功法的作法，並吸收其效果。

即使是初學氣功的人，也能利用此種圖當成好的工具，立刻便能實際感受到氣。所以像其他氣功法，得花二、三年時間才能形成感覺化，的確很笨。

我找來幾位氣功初學者嘗試這種方法，確認了這個事實。事實上九〇%的人並不具什麼氣功的素質（意即平凡人），但光是用手掌對住符咒圖，就能夠感受到一股力量。

符咒氣功圖所發出的謎樣白色霧狀物

老實說，不利用符咒氣功法便無法體驗到的神奇現象，初學者都體驗到了，下面再介紹一個例子。

有一位氣功講師山田先生，站在圖形前進行訓練。當時，我很想藉著衆人來確認圖的效果。

山田先生並不是普通人，事實上他是累積了深厚訓練的高明者，但是他還是經歷了奇妙的體驗。

我先是要他放鬆力量，進行訓練，因為不處於被動狀態，就無法感受到符咒發出的力量。身體用力的話，就無法產生這種感覺了。

他一邊注意我所提醒的事項，同時雙手沿著兩個橢圓形的軌跡移動，漸漸的，手會開始自己移動而無法停止。

「咦，手怎麼自己動了?以前從來沒有過這種情形。」他很興奮的這麼說著。詢問之下，發現他以前使用這個圖做訓練時，從來沒有這種情形發生，原來他一直沒有注意到「放鬆力量」這個重點。

更令人感到驚訝的是接下來的瞬間。在離他較遠處觀察狀況的我，懷疑自己的眼睛是否看錯了。我感到那兩個橢圓似乎從圖上飄浮起來，飛到他的手掌處。

我不禁揉揉眼睛，再看清楚一點，但還是同樣的情形。於是我問他：

「你有沒有看到圖浮了上來？」

「有，我也覺得圖好像浮上來，到我手掌附近。」

他看到的和我看到的竟然一樣。

在第五章的應用法中會為各位詳述這個話題，總之，他開始使用圖做訓練以後，立刻發現了符咒氣功法的神奇現象。

後來，做同樣訓練的其他二、三人，異口同聲的說發生了同樣奇妙的現象。

不過，旋腕是使用較小的圖，如果要練習「捽甩」時，腳邊鋪著巨大漩渦狀的圖形（直徑接近一・七公尺），會出現更可怕的現象。

會覺得手和腳好像自動在圖上移動似的，感到腳邊出現不斷擴展的巨大漩渦，突然上升到自己的手臂附近一樣。重複著下降、上升，就好像上下起伏，持續移動似的。這是一種錯覺嗎？老實說，這種巨大的現象令人恐懼。

訓練時經常出現這種現象，但是符咒氣功法的效果不僅於此，還會出現更神奇的現象。

有一天，和大家一起使用圖形做訓練。沿著貼在牆壁上的旋腕圖形移動手的渡邊的動作，原本與圖同調，但是漸漸的，他的動作變得較為緩和、自然。如此持續了十五～二十分鐘。

由手的動作就可以了解到他的氣功已經修練到相當高的程度，但是就好像有什麼東西纏在手上似的，不斷拉扯著使他的手旋轉、移動。

光是這樣還不奇怪，我感到驚訝的是，他正在旋轉著的手冒出了白霧。

我沒有眼花，的的確確看到好像白霧的東西。越是凝神細看，看得越清楚。

↑直徑接近1.7公尺的「摔甩」圖。站在其上方訓練時，會產生神奇的現象。腳邊巨大的漩渦，好像包住身體似的反覆上升與下降。

不只是手，在他的手旋轉的空間都冒出了白霧，就好像放乾冰冒出的煙一樣，隨著他的手旋轉，在那兒不斷移動著。

這實在很奇怪，因此我小聲的告訴身旁的幾個人，指給他們看。與他相比，訓練較為高深的二、三人說：「的確，看起來好像有白煙一樣的東西。」

然後詢問渡邊：「你現在有什麼感覺呢？」

他回答道：「覺得充滿氣，手邊好像有什麼黏呼呼的東西附著。」

「有沒有看到白色的東西啊？」

「嗯，手動的時候眼前看起來白茫茫的一片。」

這是初學者渡邊的例子，而我自己嘗試時，出現了更驚人的現象。有一次，我利用腳下鋪的摔甩動作圖訓練符咒氣功時，隨著氣的凝聚，感到好像巨大漩渦的軌跡上升。漩渦上升、下降地反覆出現時，感覺氣的狀態非常濃。

同時，朝左右擺蕩的手臂周圍看似冒出了白煙。剛開始時只是淡淡的輕煙，隨著動作持續而變得濃厚，看起來就好像呈漩渦狀的白雲。

另外有個人也曾出現這種狀態。

在他身體周圍有股好像白雲一樣的濃厚白煙，他就被包圍其中。當時我很驚訝的凝視這一切。

使用巨大的符咒氣功圖做訓練時，經常會出現這些神奇現象。

產生仙道力量的遁甲布盤出現怪異現象

這裡要來探討符咒氣功圖的形成。我想到（應該說是發現）這種奇妙的氣功法，其實是非常偶然的事。

以前我曾出版《仙道術遁甲法》一書（大展出版社榮譽出版），符咒氣功法的成立與此有密切關係。但因一些讀者可能沒看過，所以我再說明一下遁甲法。

這是利用遁甲布盤（用布做的，簡稱遁甲布）符咒用圖，開發仙道中的魔術能力。遁甲布的大小如一般手帕即可。手邊有《仙道術遁甲法》一書的讀者可以打開卷末，夾著摺成四折的遁甲布盤，打開它就是二十五公分的正方形布。在訓練時，要運用想像將這小小的遁甲布盤放大來使用。

施術時需要相當強烈的力量。這時，從小小的布盤所發生的力量畢竟不足，因此，最好使用等身大的東西，也就是說使用自己能坐在其上的布盤（參照圖片）。請比較坐在中間的人，就可以知道有多大了。

變成如此巨大的布盤時，想像法和氣的強化法都不需要了，這是因為巨大遁甲布盤本身就能夠改變周圍的空間，產生各種現象。

↑能夠坐在上面修行的巨大遁甲布盤。產生強大力量。
←縮小為手帕般大的遁甲布盤。利用想像放大來使用。

例如，用手掌罩著試一試。即使是無法了解氣的感覺的初學者，光是用手罩在上面就能感覺到強烈的氣。

稍微感覺到氣的人站在中間或坐在上面，就會感到從腳底或臀部周圍開始，身體慢慢地上升，同時體內充滿異常的熱氣，或是感覺承受著一股壓力。

若是練過仙道內功的人，就不會有這種情形出現。通常會感到丹田（臍下）非常的熱，而這股熱會從骶骨沿著背骨上升。

然而遁甲布的效果還不只如此而已。我曾親眼目睹連我自己都要懷疑眼花的奇妙現象。我看到坐在遁甲布上的人消失了……在《仙道術遁甲法》一書中曾舉例說明，引用如下——

距今十年前，在東京、中央區租借的場地親身目睹了這個事實。

有一天，一位小須田太太坐在遁甲布上，進行練氣。

我在一旁觀察，突然發現奇妙的事情。這位太太的身體有時看起來好像消失了一般，並非全身，有時是頭、有時是半個身子，時而消失時而出現。

這的確是一種神奇的現象，但不僅如此而已。在巨大的遁甲布上，還看到其他奇妙的現象——

不僅如此，同時親眼目睹奇妙的狀態。她所坐的遁甲布，好像往上抬了幾公分（最高達十公分）。我懷疑自己眼花了，就問她：

「真是奇怪，這位太太妳所坐的遁甲布，好像整個浮起來了。妳有沒有什麼感覺？」

她說：

「我覺得身體好像浮上來。」

於是我就說：

「妳可不可以想像自己前後移動？」

結果，她和遁甲布好像滑行似地朝前後移動，而且感覺上彷彿是在空中進行的。

的確是非常奇怪的現象。這在《仙道術遁甲法》一書中提到很多，有興趣的人請參閱該書。總之，巨大遁甲布就會產生這種魔術的現象。

各位看了也許都很心動，想嘗試一番，但是它卻存在著相當高的危險性。

氣的力量較弱或修行不足的人使用遁甲布時，如果沒有察覺到，可能會受巨大力量傷害。也就是說若不熟悉遁甲布的使用方法，想要利用其力量不成，反而會受巨大的遁甲布支配。

所謂支配，並不是說遁甲布上有什麼妖怪聚集支配著你，而是指巨大的遁甲布所發出的強烈力量效果，會使你的精神或肉體受損。

所以如果不是完全熟悉遁甲布氣的力量及盤使用法的熟練者，絕不能使用遁甲布。

沒有學過內功，光是使用瞑想布就能學會內功嗎？

由於產生的效果非常大，使我有了很多發想……不過真正付諸實行卻是以後的事了。關鍵就在我製作了仙道內功所使用的等身大瞑想布盤（簡稱瞑想布）。

請看圖示，有個人側坐在中央，左右分別描繪了橢圓形或漩渦圖形。

請看中央的人形圖，連成圓形的兩條粗線，描繪成繞身體一周的狀態。

在這圓形部分，畫著很多小箭頭及虛線的多重圓。這就是實行仙道內功的訓練簡圖。而在下腹部的丹田（圖的左下方）及頭頂的泥丸部位，有不同的記號，意指這些部位需要特別細微的訓練。

其次將視線移向周圍。首先從左側上方到下方，畫著大小不一的五個橢圓形。右側上方畫著橢圓的多重圖，下方則是漩渦。

看圖片也許不清楚，但在下方還畫著一個小小的圓圈，在此擺上訓練者最有反應的顏色，以便集中意識。

這是用來集中意識，使陽氣發生的，以及進行小周天（使氣繞行體內一周的技巧）的想像訓練，亦即內功訓練的輔助教材。但是光憑這樣就想練會內功是不可能的。

實際上圖比較小，可是為了提高圖的效果，做成等身大的圖時，卻出現了當初沒有想到

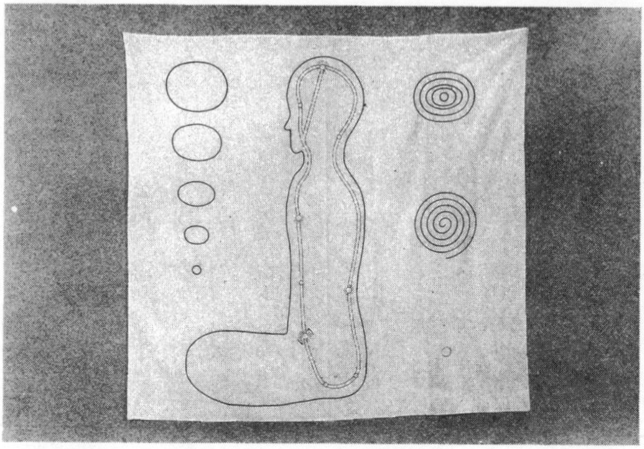

↑將仙道內功做法簡單化的瞑想布盤。

的奇妙結果。

當然，由遁甲布的實例，各位就會產生期待感了，認為大的布當然擁有小的布無法比擬的結果，所以在此也會希望有強烈的力量出現，不料卻發生意想不到的事情。這是後話，待會再提。

因此，我打算做實際尺寸圖時，填入原尺寸，交給先前所說的小須田先生。他趕緊將尺寸圖拿給做遁甲布的業者，訂購試製品。

過了兩個禮拜，試製品完成了。看到成品，我不禁鬆了一口氣，的確，等身大的圖很具魄力，體內所描繪的各點及訓練的記號都是等身大的，容易一目瞭然。

至於橢圓形及漩渦，是表示用下腹練氣的方法，如果使用實際尺寸，當然更容易明白。只要直接想像如圖所描繪的大小，就能集中陽氣而進行練氣。

由於試製品有二、三處問題，立刻改正，一週後完成了成品。將圖貼在壁上，趕緊進行內功訓練。

因為我早就學會內功，即使用了這種圖，也沒有發生什麼奇怪的事情，但是我實際感受到很容易集中意識或進行練氣。

自己進行以後發覺非常方便，因而對學習內功的人說明使用方法。使用小瞑想布圖進行想像化的人，在使用等身大的圖後，由於圖和身體各部位實際大小吻合，就能夠做最好的想像。

每次教導這項訓練時，讓學員們在家中進行各象徵的訓練，所有人都能做到下腹部陽氣的集中及氣的強化。在二～三個月的時間內，有幾個人按照側面人體圖，能使氣循環，進行各點的練氣。

有一天，我和山口站在瞑想布前閒聊。

因為談到是外功法的練氣方法，若無其事地利用側面人體圖的點（實線的圓圈與虛線的圓圈處）練氣。瞑想布上所畫的圖，在用手練氣時的感覺非常好，因此我利用圖來加以說明。在我這麼做時，體內突然出現一種奇妙的感覺，例如，手朝著丹田象徵圖附近移動時，發現在自己的丹田處也出現完全相同的感覺。而用力移動手時，發現丹田氣的感覺更為強烈。

實在是太奇妙了，結果把手由丹田移到會陰（人體的最下方）時，用手進行練氣，發現體內的陽氣也開始流竄其間。流動的情形與手的動作完全相同。

於是我又將氣移到骶骨附近的尾閭點及腰的夾脊點，然後到達頭頂的泥丸點。光是用手

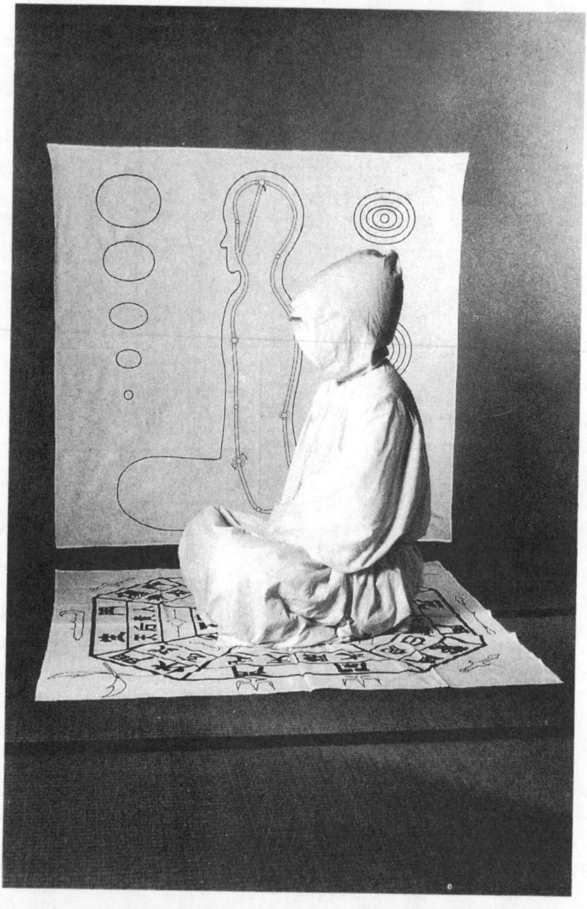

↑坐在等身大的遁甲布盤上，在牆壁上貼瞑想布盤進行仙道訓練。巨大的符咒圖能發出強大的力量，訓練效果是不使用布盤時無法比擬的。

就能使陽氣上升。

因為能夠到達這種境界，因此我又想像象徵圖的情形，用手將陽氣充分溫養（練氣），再從身體前面下降到丹田。

當然，我本就熟習氣繞行體內一周的技巧，所以能做到這點沒啥好奇怪的。

但是能否真的做到，要由不會內功的人驗證……於是我找了二、三位初學者來進行我所做的技巧。

結果如何呢？即使是沒有學過內功的人也辦得到。當然，他們可能像我一樣，只要在各點輕輕地移動手，就能霎時增強陽氣，順暢地由一點移動到另一點去。但是面對圖按照氣功法（仙道外功法）的要領移動手時，即使要花一點時間，也能使氣循環一周。

怎麼會有這種情形出現呢？也就是說不必實行內功，也能學會小周天的技巧。我學習各種仙道技巧時，從未遇過這種怪事。

後來，我又讓一些很難學會內功的人嘗試同樣的方法，不管是誰，雖然會遇到一些困難，但是使用該技巧之後，大致都能練就小周天的技巧。

雖然氣功治療的機械已經完成了，但是能使內功更加純熟的工具，目前尚未發明出來。如果真的有這種工具，夠資格獲得世界設計大獎。

不過瞑想布的的確確就能辦到這點。當然，初次學習內功的人至少都要進行外功法的訓練（本書第三、四章說明最佳技巧）。只要這麼做，就是一般人認為困難的小周天也能辦到，這不是很好嗎？

符咒氣功法是安全、確實的氣開發法

老實說，我感到很驚訝。也就是說，瞑想布和當成魔術用途所使用的遁甲布不同，完全沒有危險，只有單純的仙道效果，換言之，即能強化氣並加以控制，而且可使意識純化，是非常安全的方法。

遁甲布的危險性先前已經敍述過了，這是因為自己的力量較弱時會受到遁甲布強烈力量的支配。

為何會被支配？因為心讓慾望牽絆住了。

一切要求魔術般效果的人，在完全無慾的狀態下，會去學習這麼麻煩的技巧嗎？

簡言之，學習魔術的人為了獲得超能力，為了出人頭地，為了贏得異性，甚至為了金錢……亦即為了實現慾望而拼命。遁甲布就是能夠利用強烈力量時的慾望實現的東西。

問題就在於超能力，雖然可以把你帶到超能力的世界去，但其強大的力量也令人無法逃脫。

一旦進入這個領域中，如果你的心靈脆弱，就無法逃離它的引力。而願望太過強烈時，遁甲布的力量也會增強，使你無法脫身。

所以遁甲布的確是具有危險性的。

舉例而言——以前我曾經歷過讓進入別的空間（實際上看起來好像消失一樣）的人，要再回到原有的世界時，覺得相當辛苦。這是因為遁甲布增強了這人要進入其他空間的願望。詳細情形參閱拙著《仙道術遁甲法》。

也就是說使用遁甲布卻無法脫離其力量的人，都是因為心中太執著，與遁甲布特定的部分同調而被吸入其中。下面就是一個實例。

在很久以前，我曾教過一位超能力氣功的初學者。這位森田先生上了年紀，似乎很能掌握氣的感覺，不管教了什麼，他都說：「了解。」「明白了。」

但是漸漸的我察覺到一件事，他感覺到氣的部位只有局部，並非整體。

例如，讓他進行氣通過手臂（讓氣循環手臂）的練習時，手掌能感覺到氣，漸漸的又在胸部（左右乳間的膻中穴）感覺到氣，或在另一隻手感覺到氣。也就是說完全無視於中間管道的存在。

剛開始時我真的被他騙了，以為他的素質很好，後來才發現並非如此。

證明就是在休息時，他有坐在遁甲布上的奇怪習慣，而使用遁甲布進行氣的訓練時，他也會無意識的用手罩在同樣的地方。

是什麼地方呢？就是八門中的「死門」方位。這是最不好的方位，是會發出死氣，即最惡劣的氣的位置。他會坐在這個方向，用手罩住這個方位。

我就告訴他：

「這是死門，不適合修行。」

他卻說：

「是嗎？可是我坐在這兒覺得很舒服啊。」

之前曾經有過很多人使用遁甲布，但是沒有人會坐在這個方位，即使為了訓練而讓他們坐在這兒，也會感到不舒服而想逃走。

他卻說坐在這兒或把手放在這個方位會很舒服。

我感到很奇怪，於是利用點穴法（是一種經絡、經穴診斷及治療）探查他的手臂及腳，卻發現他的四肢氣血的流通完全阻塞了。

隨意按壓他的手臂和腳的任何一個部位，他都會有一種好像要彈跳起來似的疼痛。如果是穴道，本來就會有這種反應，但是即使輕輕按壓完全無關的部位，他也會覺得疼痛，除了臥病在床的重症患者，不該出現這種情形。

換言之，他的身體和死門同調，已無法分離，再這樣下去，當死門的力量強化時，就會陷入惡性循環。

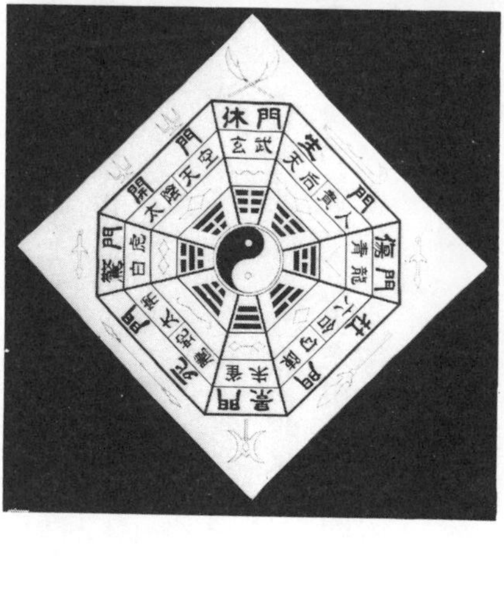

↑←遁甲布（左圖）有8道門，各自有固有的印象。上面的圖片是將死門的印象作成立體模型訓練用的東西，表示在荒涼的荒野掩埋骸骨的黑暗墓地。

當然，死門並不一定等於死，但是會有腐敗或停滯的意象出現，就氣血流通這方面來看他的身體，和死門的意象完全一致。

與其說是他的身體，還不如說是意識所造成的。他非常頑固，把他人的話當作馬耳東風，也許因此才造成他的氣變成這種狀態。他一直在尋求超能力，使用遁甲布，當然會被死門所掌握。

我強力指出這一點，一再叮嚀他不可以再這麼做了，結果他就不再來上課了。

我很想幫助他，但他本身不自覺的話，我也無法可施，實在令人遺憾。

總之，如果不能利用強力的意識（意志）或自己氣的力量與遁甲布對抗的話，它就顯得危險。這是由於受遁甲布拉扯之後，壞的會更壞。

與此相比，瞑想布對於現實慾望的達成幾乎不具有貢獻，事實上它非常安全。這是很有道理的，因為內功的效果在於增進健康，超越這個世界的慾望與此完全無關。

總之，藉著瞑想布發現料想不到的效果，加以使用後就能更為仔細地檢討我所編出的練功法和動功仙道氣功法的動作。

基於以上的觀點，仔細分析各種動作時，發現與仙道符咒圖的力量完全一致，觀察動作的軌跡，我甚至因為太過吻合而感到心驚。

其中最多的就是與各種符中所見的圖案一致。

例如，有名的「南斗星君」圖的力量，與練氣功的基本功（幾乎所有的練氣功都採用這種運足法）的運足動作完全一致。進行訓練時，就好像在畫南斗星君圖一樣的移動腳步（參照第三章）。

此外，經常使用的太極圖也與此類似，不論是畫圓或橢圓的軌跡，都與太極圖相像。圖可分為這兩類，而與此完全無關的只有一、二個圖而已。

因為發現到這個事實，促成使用符咒的氣功法，即仙道符咒氣功法的誕生。符咒圖原本並不是基於先人的想法而製作出來的，它是將實際的自然現象，現實的建築物、漢字的形狀或物體的運動，以抽象化的方式描繪出來的圖形。

例如太極圖，並不是人們憑空幻想出來的圖形，而是將物理學上的圓運動或橢圓運動加以抽象、單純化表現出來的。

請看下頁的圖，這是中國自古以來所畫的太極圖一覽表，當然還有很多沒列舉出來的。其中最細密的太極圖，就是自然界所發現的漩渦狀態。

在自然界有很多很多種形狀，例如卷貝殼、龍捲風、颱風、銀河等。利用旋轉發生的強烈能量，形成這種漩渦，就是太極。

我的練氣功也是同樣的情形，大都展現圓或漩渦的旋轉運動。與其說是藉此使氣發生，還不如說是最適合練氣的動作。

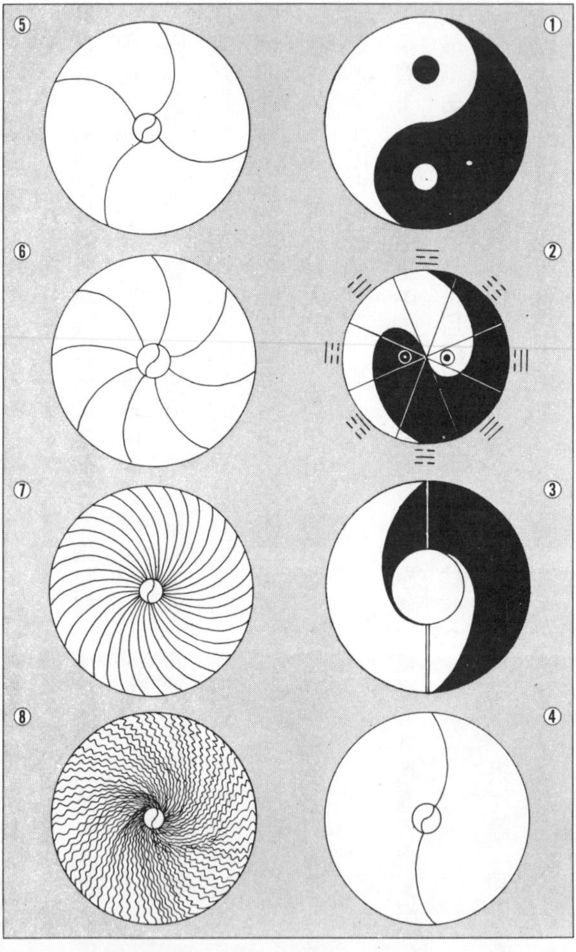

↑在中國描繪的太極圖。①在現代流通的太極圖。②文王八卦太極圖。③出現在『陳氏太極拳圖說』中的太極圖。④兩儀(陰陽)圖。⑤四象圖。⑥八卦圖。⑦六十四卦圖。⑧四千九十六卦圖。

兩者類似，並沒有很大的差距，因為這是忠實地重現自然能量動態而已。

我的氣功法與同種的相比，氣較容易感覺化，氣的力量較易提高，都是由於能與宇宙所具有的普遍能量動態抽象化的圖完全一致所致。

符咒氣功法的意義及其所帶來的神奇現象、效果、成立已為各位做一說明，相信各位讀者也已了解符咒氣功法是什麼東西了。

從第二章開始會詳細介紹道具的作法及使用道具的訓練法。

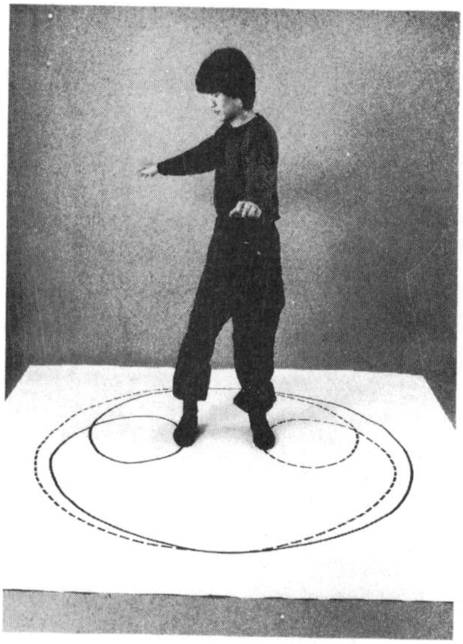

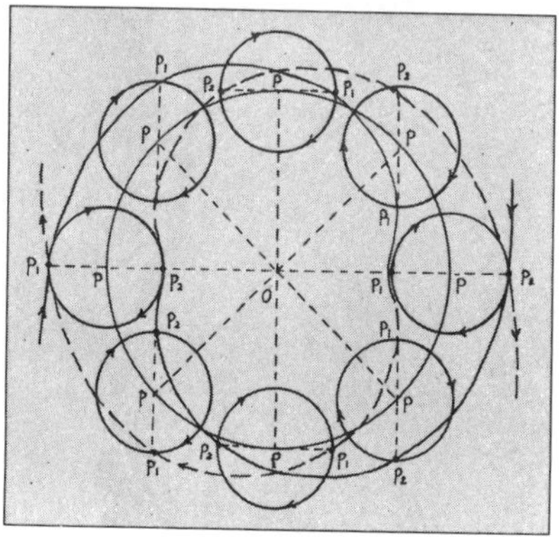

↑符咒氣功法之一「摔甩」圖（上），是自然界的太極運動，與表示電子流動的圖（下）非常的類似。

第二章

符咒圖畫法的共通技巧

符咒氣功圖的分類

看過第一章，相信各位已經明白符咒氣功法是怎麼回事，接著介紹所使用的道具（大都是圖）作法及使用道具的訓練法。

符咒氣功法圖依其難度，大致可分為四種。

其一、尺寸並不大，圖案單純，換言之，很容易製作。例如基本功的圖、頸功的圖等。

其二、圖案單純，但是加入線條，同時尺寸很大，製作起來較花時間。例如展臂圖、踮腳圖等。

其三、尺寸較小，但是材料的形狀和圖案等較為複雜，因此製作起來也較花工夫。例如捏球、揉球等的圖。

其四、尺寸大，圖案也複雜，製作上相當花工夫。例如，擺腕、摔甩、模魚等圖。

就我製作道具（畫圖）的體驗而言，實際上是做以下三種分類。

①能夠簡單畫出的圖（或是道具）

與尺寸無關，能夠簡單畫出或是製作的圖。只是單純的線條和圓形的組合而已，初學者也能夠立刻辦到。

②稍微困難的圖（或是道具）

尺寸並不大，但是構圖較為困難的圖（道具），不過，這些圖幾乎都可以利用簡略化的略畫法。

當然，正式圖的效果增大幾倍，而簡圖的效果若欲充分發揮，也具有能夠彌補的技巧，因此利用簡圖也能產生與正式圖同樣的效果。

初學者或是想要嘗試各種圖的人，可以利用簡圖，若是習慣於畫符咒圖或想要研究一個動作的人，請作正式圖。

③描繪困難的圖（或是道具）

尺寸較大、構圖複雜，較花時間者皆屬於此類。不過它們大都另有簡圖，但尺寸也大，所以製作上相當費力。

不論是正式圖或簡圖，製作時都要認真。由於效果、尺寸巨大，或是構造複雜，因此，即使是簡圖也具有與正式圖相同的效果，這點和②完全不同。

本書大致分為以上三類，說明圖的畫法和道具的作法。在第三章中介紹①與②的範圍，在第四章中介紹②與③的範圍。

不過在第三、四章中所介紹的，全都是應用練功法的技巧。

利用練功法訓練時，不只是第五章的應用法，也可以當成拙著有關仙道氣功法部分的訓練方法。

第五章蒐集了除練氣功之外的符咒氣功法，所以技巧稍微困難些。此外，有些複數的圖案或是簡圖，也刊在同樣的部分。詳細情形請參照第三、四章。圖的畫法、道具製作時的難易度，已為各位介紹過了，接下來要說明畫符咒氣功法圖時共通的技巧，以及符咒的畫法。

畫符咒氣功法圖的共通技巧

在分類上，分為容易畫和難畫的圖。難畫的圖分為三種，但是如果使用略畫法，則難易度沒有差距。也就是說，本書所介紹的符咒氣功圖，八十～九十％都是簡單的圖。因此，不必再一一細分是簡單或困難的圖，為各位說明一下具有共通要素的畫法。首先是需要的用具、材料。

◈畫圖需要的用具、材料

①紙的選擇方法……紙的尺寸為A3（二九七公厘×四二〇公厘）或B4（二五七公厘×三六四公厘），準備數張。

選用容易著墨的紙，太光滑的紙不見得好。此外，關於尺寸方面，不具有融通性的習字用紙，即所謂半紙也不好，因為無法畫較大的圖。只要注意到這兩點，任何紙都可以使用。

②墨的選擇方法……關於墨的選擇，當然是用硯來磨墨較好，不過嫌麻煩的人也可以使

用墨汁，比較方便。另外可以一次買多一點屯積起來，這樣就不怕圖畫到一半時沒有墨可用了。

經常有人問我可以使用畫具來畫嗎？我覺得不好。因為畫具的品質參差不齊，而且氣的保持力較差。當然，畫得好的話會產生強烈的氣，但是選擇錯誤就完全無效。這與價格高低完全無關。

無論是什麼廠牌的墨，成分大致相同，而且都具有很好的氣保持力。

因此，我建議各位一定要使用墨。

③筆的選擇方法……與墨相比，筆的選擇較為自由，毛筆或畫筆皆可，但是尺寸大小會因所畫的圖不同，而要區分粗細。最好準備五、六枝粗細不一的筆。

◈符咒圖的草圖畫法

當用具、材料如紙、墨、筆全都齊備之後，開始進行畫圖的練習。

不必擔心會很困難，不過正式圖另當別論，若是先前分類中的①的正式圖或②的略畫法，只使用直線、圓、橢圓、點而已，就能輕易地畫出來。不妨試畫幾張做練習，相信熟能生巧。

①首先把紙攤在自己面前。最好坐在大桌子前，或是直接鋪在榻榻米、地板上。坐在紙前，可以跪膝以方便畫較大的圖。

②慣用右手的人，墨汁就擺在自己的右手邊；前方排放著幾枝筆。慣用左手的人則採取相反的方向。

到目前為止，有一些需要注意的事項，分三點說明如下：

第一，符咒圖是使用紙、筆、墨畫成，但和寫毛筆字不同。重點在於運筆的方法。

從拿筆到開始畫圖，要注意拿筆的方法，關於這點，稍後會有詳細的說明。不過，一定要記得和寫毛筆字根本不同。

第二，圖畫好後，手指要沿著圖注入氣，這也是和普通書法不同的一點。不要隨便畫畫，一開始就要好像將氣發在圖上似地畫圖。

第三，符咒氣功法是用筆在紙上一氣呵成地畫圖。習慣的人當然沒問題，但是初學者因不習慣，常會畫歪或弄皺紙張。這樣就無法產生好的效果；會導致氣功法動作的本身不正確，或無法產生想要得到的效果。

關於前兩項注意事項，稍後會有說明，至於第三，為了防止圖偏差，最好先畫草圖。利用當成範本的練習用圖，使用尺正確地量出尺寸，描繪草圖。練習圖的單位全都是公厘。

完成草圖以後，畫圖練習也要像原圖一樣地完成作品。紙張上用B4或習字用的半紙皆可。

既是草圖，當然也可以用鉛筆淡淡地描繪。可以按照以下的要領來進行。

①直線、斜線……直線使用尺，按照尺寸正確地畫出線條。而斜線則先畫出縱、橫以後，再從各自的交叉點伸展。

鉛筆線條盡可能畫得細些，而在用墨時儘量蓋過鉛筆痕跡。小小的圓圈如果不是極度偏差的話，不要使用尺。

②圓、橢圓……首先決定中心，以此為起點，像練習圖最上方的圖一樣，拉出縱橫線來

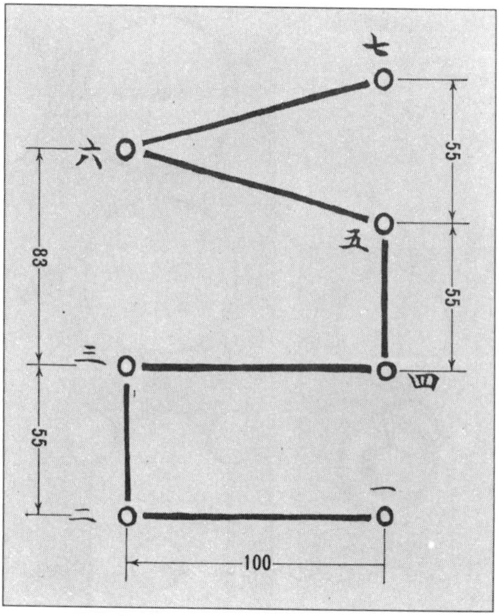

<練習圖①　直線・斜線>

<原圖>

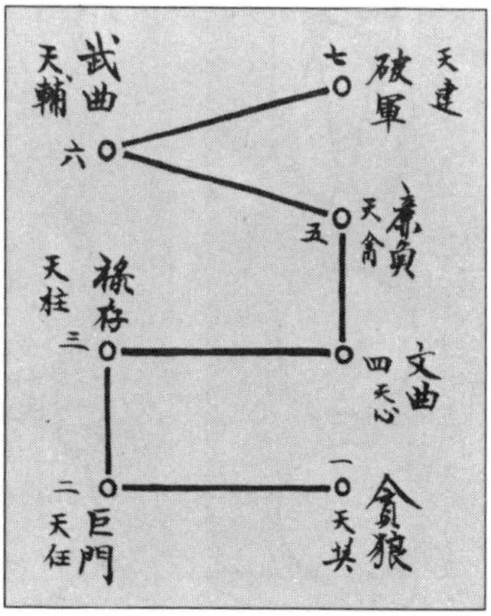

<練習圖② 圓>

<原圖>

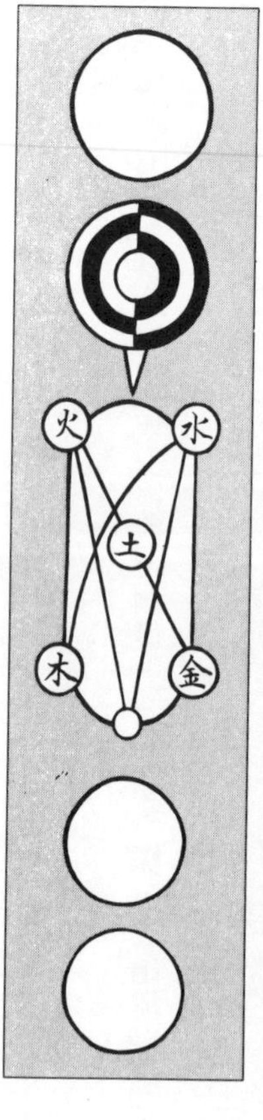

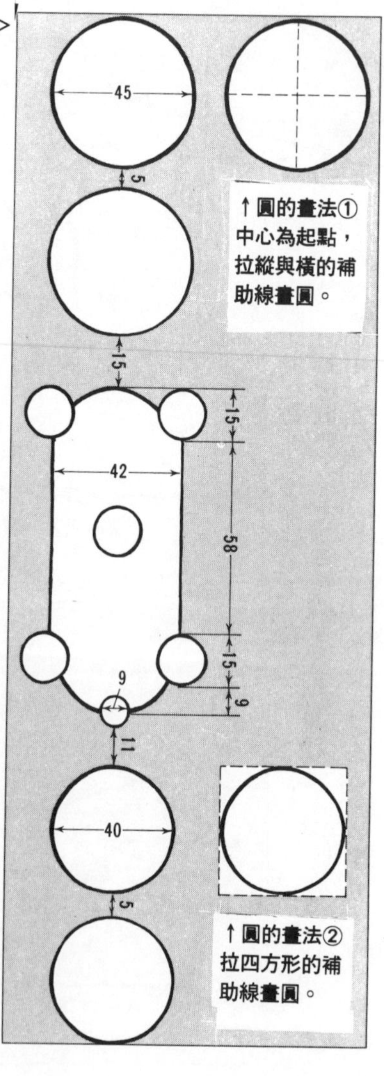

↑圓的畫法①
中心為起點，
拉縱與橫的補
助線畫圓。

↑圓的畫法②
拉四方形的補
助線畫圓。

，以此為基礎畫出圓或橢圓。此外如下圖所示，先畫四角形，在其中間畫圓或橢圓也可以。為了盡可能正確地畫出來，所以交點越多越好，但是太多了反而不曉得怎麼相連，要適可而止。

總之，決定好最低限度的交點之後，以連接交點的方式畫出曲線來。

有人問說可不可以使用圓規?我的答案是不行。因為不可在紙上鑽洞（當成符咒圖當然不好），若是巨大的圖，不使用等身大的圓規，便無法畫出正確的圓來。因此雖然較為辛苦，各位還是多用手繪的方式畫出曲線。

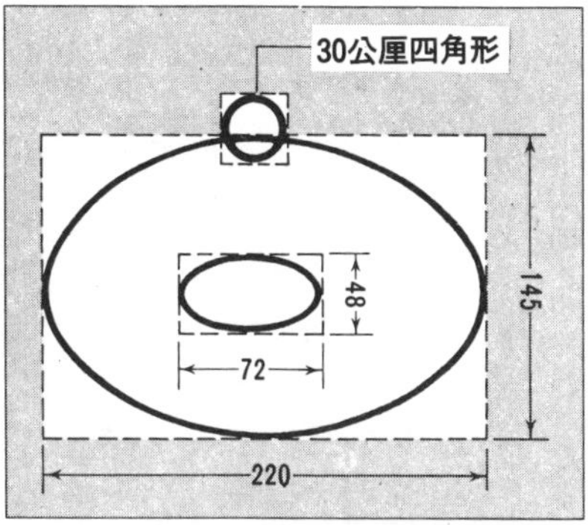

<練習圖③　橢圓>

<原圖>

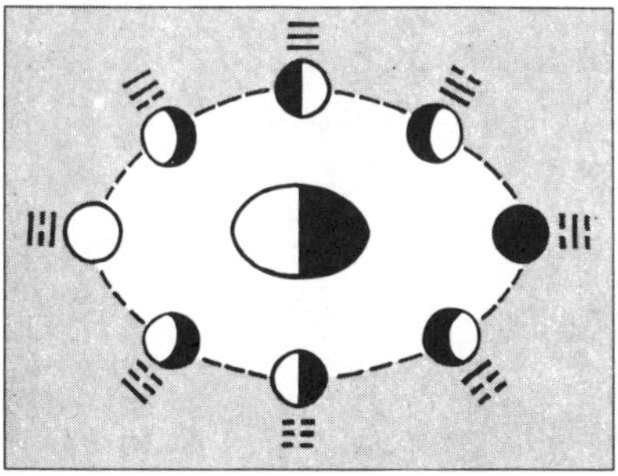

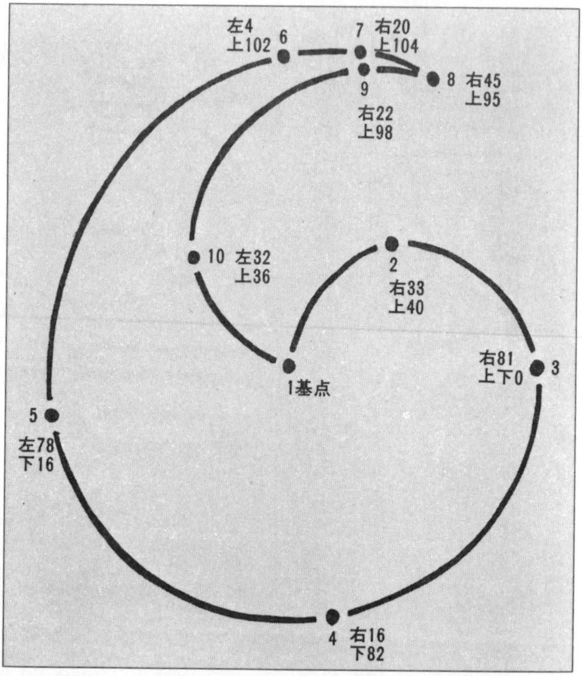
左4
上102
6
7
右20
上104
9
8
右45
上95
右22
上98
10
左32
上36
2
右33
上40
1基点
右81
上下0
3
5
左78
下16
4
右16
下82

<練習圖④　自由曲線>

<原圖>

＜原圖＞

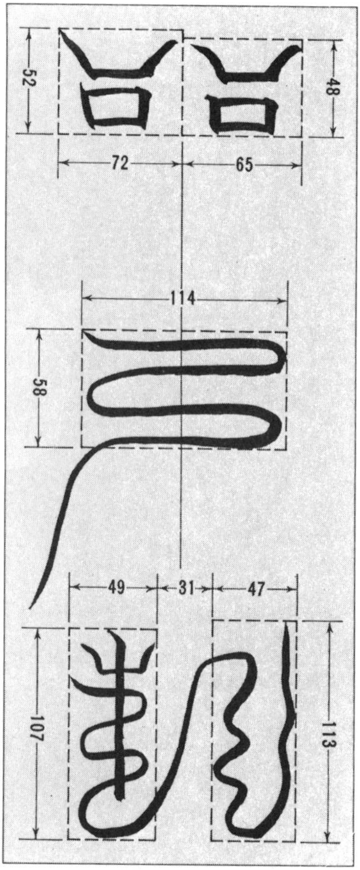

＜練習圖⑤　自由曲線＞

也可以利用模板、雲形規等曲線定規，不會傷害到紙，而且能畫出正確的形狀來。但是如果沒有巨大的定規，最後還是要自己動手畫。

③自由曲線、圖案……除了①、②之外的自由曲線和圖案，也要一一量出尺寸來，用縱橫的線構圖，而細部則要再修飾。也就是說，要模仿範本多加練習。

如果因為圖案複雜而必須畫出很多交點時，可以像畫練習圖似的，按照順序填入1、2、3……等數字，之後再用橡皮擦擦掉，所以畫時要淡些。

所謂習慣成自然，有空的話就多練習。本書所有的型態並不複雜，因此立刻就能學會草圖的畫法。

草圖的畫法告一段落，就開始上墨。

符咒上墨的真正技巧

按照以下的要領上墨。

①如圖①所示，坐在畫好的草圖前。

②如圖②所示，手拿筆沾滿墨汁。如果不習慣持筆的方式，剛開始不要沾墨汁多練習。

③然後按照箭頭的方向旋轉手。屏氣凝神，下腹用力，強力而緩慢的旋轉，最後成為④的姿態。不可畫得太快，使氣散開。

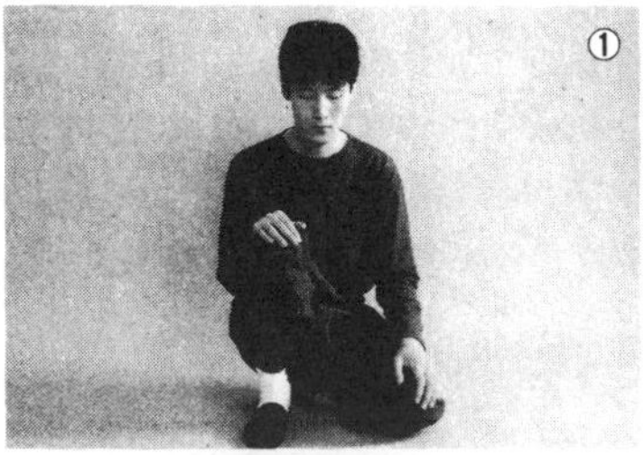

①

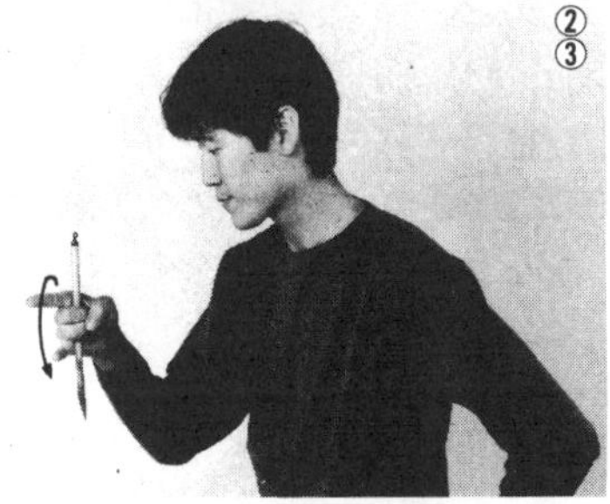

②③

④筆拿到嘴巴附近，利用腹式呼吸朝筆吹氣。口形是緊收狀態，因此要強力、緩慢地吹出空氣，這樣才不會使墨飛散。在紙上飛散的墨跡會成為圖案，所以墨汁飛散的話會使圖案混亂，那就不是正確的符咒圖了。

⑤氣凝聚筆上，以手運氣，一氣呵成地在草圖上墨。若是畫直線，從右到左（或相反）；若是曲線，則由交點到交點（或由頂點到頂點），沿著鉛筆打好的草圖上墨。

此外，如果是畫在A3、B4紙上的圖，通常一次呼吸就可以完成，但是超過一公尺的巨大圖形就很困難了。這時可以在每一單位時調整呼吸，再回到最初的動作，重新輸氣畫圖。

關於單位，例如直線、斜線是從交點到交點為止，或是以小的圓圈來區分。

若為曲線，在巨大的圖則是到達一個交點或頂點為止，若是小圖則為圓或橢圓的外周全部。

此外，用筆畫虛線時，要一一隔開加以區分。老實說要採用這種畫法，用一般習字用的筆並不適合。為了畫得漂亮，最好使用粗大的畫筆來畫，這樣就能輕易地畫出斷續的虛線。

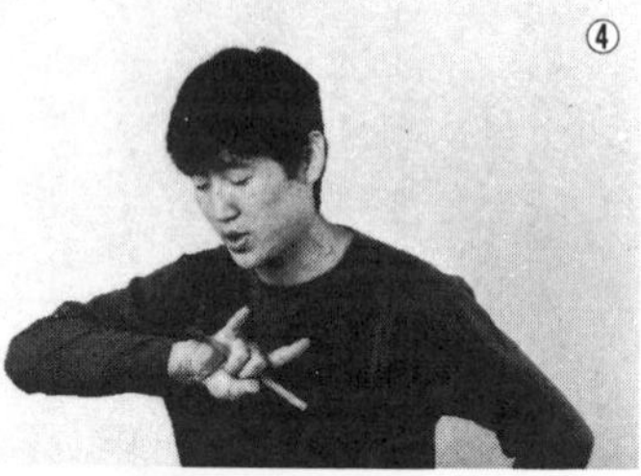

④

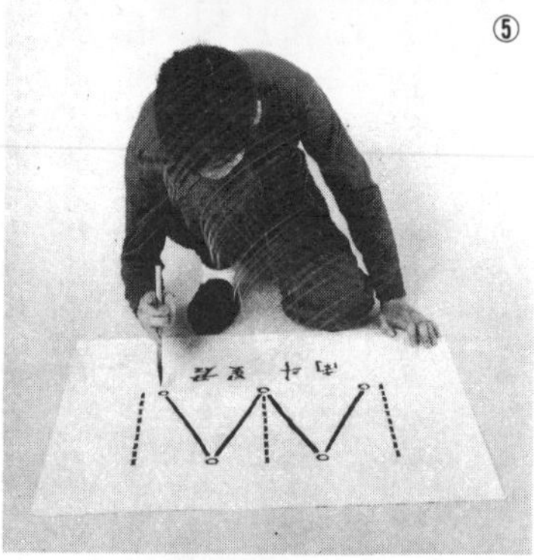

⑤

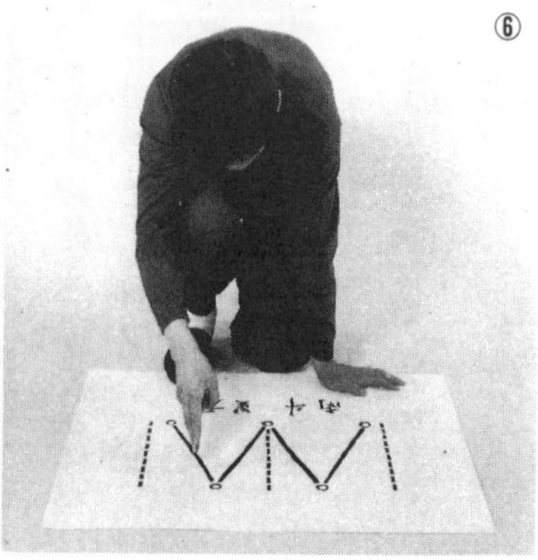

⑥

⑥如以上所說的在草圖上墨之後，放下筆，用手指如圖⑥所示沿著描繪的線注入氣。

⑦墨汁乾了以後，用橡皮擦擦去畫草圖時的多餘痕跡。這樣就完成了符咒氣功法圖。

◈台灣的符咒師製作符咒

日本所出版有關符咒的書，除了一些例外，幾乎都不探討關於畫符咒的問題。如果不注入氣，符咒就只是單純的圖案，根本無法產生效果。所以符咒圖一定要注入氣。

關於符咒上墨，我曾親眼在台灣目擊整個過程。

拙作《奇蹟的華僑賺錢術》中曾敍及此事，但是有的讀者不曾看過，所以在此再引用如下——

他是台灣人，並不是非常有名，但力量相當強。有一次和他聊到符咒，請教如何製作，因為是朋友，就請他為我製作符咒。他問：「要什麼符？」我說：「那就畫張能賺錢的符好了。」他回答「好」便開始作符。

他使用兩張4×10公分的長條狀紙，然後以神奇的握法握住筆，一氣呵成地在紙上畫出符獨特的記號，並寫下文字。

結束後他放下筆，結手印、唸咒文，好像做硬氣功似的，手不斷地抖動注入「氣」。當時他滿臉通紅，讓我明確地看到他將「氣」送入符中——

所以說氣無法注入圖中，那符根本就沒有用。結果如何呢？——

在「氣」的注入結束之後，他將其中一張摺成八卦形交給我，說：「只要把它放在錢包裡就可以了。」另外一張則是「貼在房間朝東的位置，點香、供奉水果」。

回日本後，我把符放在錢包中，不可思議的是錢包經常被鈔票塞得滿滿的。而要開始新的賺錢工作時，不需要花太多工夫就能夠把荷包塞得滿滿的。

更有趣的是，我認為是自己發現了賺錢的技巧，與符無關，結果有一天，符掉了，我回去找時卻再也找不到。這時我感覺到，符真是太奇妙了。

製作符咒時，需要製作者相當強的「氣」的力量，否則就無效。由這意義來看，咒術（符咒之術）也可以算是氣功法或仙道等「氣」力量控制法的延長方法——

或許你認為符不過是一張紙片，是裝飾用品，但是真正的符具有強大的力量。

你也許會覺得自己沒有強大的力量去做出真正的符，恐怕符咒氣功法對自己而言是無用的。

不必擔心吧！即使是外行人，也具有能製作出含強大力量的符的秘傳技巧，這就是我歷經辛苦之後發現的方法，是連真正的符咒師都不知道的技巧。接下來就要公開這個方法了，請注意看！

在能發出強大氣的物體旁擺著墨汁，製造力量

首先我要強調的是，即使不像我先前所說的那位台灣符咒師具有強大的力量，也能夠製出符來。不管是誰，用心畫出來的符多多少少都具有一些力量，但與符咒師相比，當然顯得較弱，當成符來使用可能無法產生想要的效果。

因此，要設法彌足不夠的部分。

為了達到這個目的，需要兩種技巧，分別是「使墨汁有力量法」及「使力量展現圖上的方法」。

使用其中一種方法或兩者並用，即使你所具有的氣微弱，也能夠畫出發出強大力量的圖。

如果是正式圖，能發出強大的力量，若是簡圖，所發出的力量不輸於正式圖。事實勝於

雄辯，介紹詳細的技巧，趕緊付諸實行就能驗證了。

最初的技巧就是畫圖時所使用的墨汁，要將它放在能發出強大的氣力量之物體上或其旁的方法。

舉例而言，例如巨大的磁石、密教的曼陀羅圖、中國的八卦圖、西洋魔術的卡巴拉圖或魔法陣等，都能發出強大的氣力量，將墨汁擱在這些上頭。或是利用金字塔的力量亦可。

若是尺寸較小的護符，墨汁容器無法擱放其上，可以擺在旁邊或貼在容器上。

稍微有錢的人可以去買電子氣功師，也就是中國的氣功器具，擺在墨汁容器的旁邊，輸送「氣」給它。持續幾天，就能擁有相當強的力量。

我們實際使用電子氣功師以後，當時的情形是這樣的——

數年前，我為了參加仙道合宿而前往新加坡。當時，在擺滿來自中國的藥物店中看到了電子氣功師。

我看過中國氣功雜誌，知道這種機器已經上市了，但這是頭一次看到實物。好奇心趨使下，我買了一具來試試看。帶回日本使用二～三次，發現自己所發出的氣真的增強了。有一天，我突然想到一種新的利用方法。

這要肇因於有人請教我將力量送入墨汁中的技巧，問我：「有沒有能夠發出氣的器具？」

我正思索時，猛地看到擱在角落的電子氣功師，靈機一動，便將它借給對方，並教他使

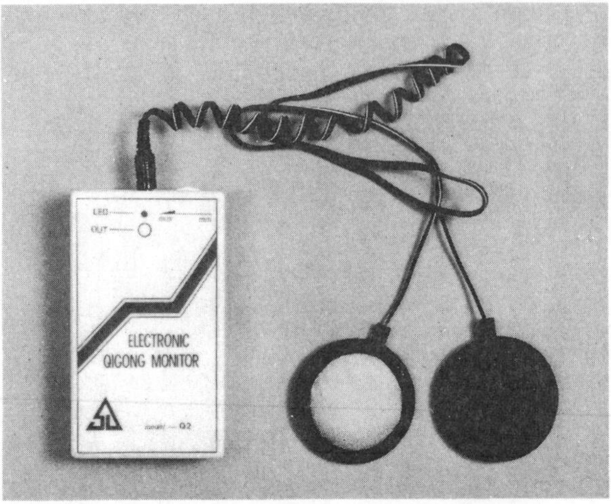

↑中國人想出來的電子氣功師。用來將氣注入墨中。

用方法。

幾天以後他告訴我：「真是太棒了！墨汁中擁有相當強的氣。」

我將他的墨汁容器放在桌上，用手罩住，的確感受到墨汁放射出強烈的氣，與原先的墨汁相比，多了數倍的力量，不！應該說是十幾倍。

我不禁問他：「你是怎麼做到的？」

他說：「一天三次照射墨汁容器，連續三天送氣。消耗了好幾粒電池。」

氣功家如果一天連續三小時發氣，會消耗大量能量，很難做到這點。但是如果換成電池，當然可以持續送氣。

單位時間輸送的力量比人類多，長時間下來當然可以輸送出很強的力量。沒想到發現這種好方法，我打從心底欣喜。

後來又使用金字塔力量器具（其中能擱置墨

汁的小東西），但與利用電池的力量持續送出強大波動力量的電子氣功師相比，效果較弱。

當然，金字塔力量器具要長時間使用才有效，如果要講求速效，則以電子氣功師為佳。不過磁石或銀粉等也能發出強烈的持續力量，不亞於電子氣功師。

當然，由於發出氣力量的物體效果出現為止的時間，因物體發出氣的強度不同而有差異，不能一概而論。有的幾天內就能產生效果，有的必須經過一、二個月才能見效。為了確認，要在墨汁容器上貼日期標籤，再使用看看。

但在特定的東西（護符等）旁邊放了太多墨汁，會使效果減弱，因此放著二、三瓶就好了。最好是準備數樣會發氣的物體，然後各放一瓶墨汁，這樣子力量集中，就能送入強力的「氣」。

將含有強力的氣之物體加入墨汁中，提昇力量

提昇墨汁力量的第二個方法是，將會發出強力的氣之物體製成粉末，直接加入容器中，充分混合，立刻就能利用。而墨中含有這些成分，在紙上就能夠產生強烈的氣。

材料有很多種，但是一定要選用良質品。可供利用的種類如下：

①**金粉**……說到黃金，似乎價格昂貴，但那是指加工的金飾，紙狀的金箔和加工途中所剩的金粉，價格並不昂貴。

②**銀粉**……只有金十分之一的價錢。它是種貴金屬，但氣的力量不強，最大特徵是具有殺菌作用。也就是說，兼具墨的清淨作用，是一舉兩得的素材。

③**磁石粉**……氣力量的強度在金銀之上，而且會一直發出磁氣。用它來畫符咒圖，即使是外行人，手掌也能感覺到氣的強度。問題在於會生鏽，必須常常重畫，否則會產生不良效果。因此比較適合初學者或希望得到速效者。

④**水晶粉**……水晶粉具有一種特性，對某些人也許很好，但對某些人可能不好，也就是說不見得適合。

而適合水晶的人則是：

(a)初次購買水晶時用手罩著它，會產生一種強烈的氣力量，而且感覺很好。

(b)已經配戴著水晶的人，且能感受到氣的力量，或是體調良好。

不適合水晶的人是：

(a)初次購買水晶時用手罩著它，無法感受到氣，或是產生一種不喜歡的感覺。

(b)配戴著水晶，身體卻沒有變化，而且對健康也不會有所助益。

⑤**其他寶石類的粉末**……包括紅寶石、藍寶石、祖母綠、鋯石及瑪瑙、玉等，種類很多，可參照水晶的標準來決定是否適合。至於鑽石就比較沒有問題，人人適用。

⑥**真珠、珊瑚等**……真珠、珊瑚在中國醫學上視為鎮靜興奮的藥物，並沒有適合不適合

的問題。如果僅限定於用途，不管是誰都可以使用，尤其是神經容易亢奮的人，很適合使用這個素材。

⑦**其他粉末……**除上所述，還有很多可以使用的粉末，例如，焚燒護符後所餘之灰燼。尤其是製作護符者的力量相當強時，更為有效。但是如果是來源不明的護符，就不必期待會有什麼效果了。

⑧**動物的骨、有因緣的場所使用的古道具、古石等的灰或粉末……**這些很容易變成黑魔術，因此我不建議使用。總之，只要充分產生氣的感覺，了解它是好是壞，再加以利用較好。

這些素材混入墨汁中，立刻就可以使用，即不必花很多時間，就能使用為其特徵。

利用風水力量的遁甲布盤等的技巧

要使墨汁產生力量的第三項技巧，就是將墨汁容器放在遁甲布盤的中心。在第一章介紹過的遁甲布盤是我想出來的東西，而在『仙道術遁甲法』一書中也說過，這會產生某種方位能量。圖非常巨大，因此方位能量的影響也會使得力量增強，會發生一些意想不到的事情。

但是危險也較高。如果要使特定的物體產生氣的力量，要選擇巨大的遁甲布盤才能產生超群的效果。將物體放在其上一、二天，使其吸收布盤之氣，增強氣的力量，經過幾個禮拜就會產生非常強大的力量。

↑在遁甲布盤中心擱置墨汁容器，注入強烈力量。

在《仙道術遁甲法》一書卷末所附的是縮小版遁甲布盤，可以加以利用。當然，與真正的巨大布盤相比，效果較差，但與不明白效果強弱的物體相比，確實就能產生氣的力量。通常在一～二週內，手掌就能充分感受到墨汁容器上氣的強度。

除了遁甲布盤以外，還具有同樣效果。即具有方位效果的物品，這就是我們所使用的畫八方位、中心嵌有磁石（方位磁石）的盤。在這盤的九星方位上放置墨汁容器。

作法很簡單，如次頁圖所示，利用兩片塑膠板夾住磁石的型態，或是穿過木製厚板的中心，夾住磁石。接著，只要自行在其上畫出正確的八方位即可。

到底要放在八方位的哪個位置，在九星氣學的書中有詳細的說明，請各位自行參考。

在此介紹的方法，可視為使用風水技巧的方法。並不是利用物品的力量，而是使用天地之氣的力量，這是不同的一點。

◈在樹木或大石下力量較強的場所埋墨汁容器

還有一種使用風水力量的技巧，就是將墨汁容器埋在樹木或大石下，吸收其力量的方法。這對初學者而言非常困難，因為並不是任何樹木或大石頭都可以，要選擇力量較強的樹木，或是會發出強大力量的大石頭，埋於其下方即可。

充分了解氣的感覺者，實行起來非常簡單，可是對於還沒有氣感覺的初學者而言，是很困難的技巧。

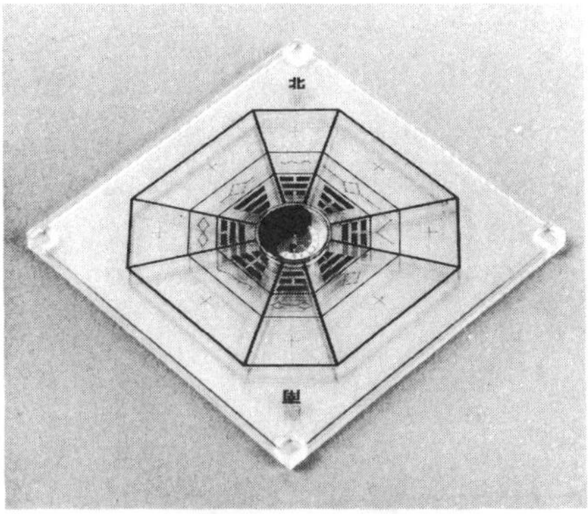

↑上圖為整個八方位盤，下圖是升起中心部的圖片。用２片塑膠板夾住磁石畫上八方位。具有九星氣學知識的人可以嘗試作這樣的道具。

因此，已經有氣感覺的人或是稍微練過符咒氣功法而擁有氣感覺的人可以嘗試。習慣以後，不只是樹木或大石下，任何場所，只要氣力量強烈都可以利用。不需要能發出氣的物品，也不需要選擇麻煩的場所，就能使墨汁產生力量。這可視作難度較高的中級技巧。

以上說明了使墨產生力量的技巧，其次要介紹不使用墨畫出圖時產生力量的方法。

使畫出的圖本身產生力量的秘傳技巧

墨中產生力量的技巧，是在畫圖的準備階段輸入氣的方法，接下來要介紹的使圖本身產生力量的技巧則是在圖完成後輸入氣的方法：圖畫好以後，隨時可以使用其力量的技巧。此外，在墨中輸入力量畫出能發出強烈氣的圖之後，再於圖上輸入氣，更能使力量倍增。

依序為各位介紹三種技巧。

❖放在遁甲布盤等之上

其一，將畫好的圖放在遁甲布盤等物品之上。

圖較小時，即使放在縮小的遁甲布盤上亦無妨，也能充分達到目的，但是等身大的巨大符咒圖，若不放在巨大遁甲布盤上，就無法發揮強大的力量。

那麼，沒有巨大遁甲布盤時又該怎麼辦?就只好使用代用品啦。例如，可以利用人類能進行瞑想大小的金字塔力量器具，在此處放置等身大的符咒圖也能吸收其力量，或者放在巨

↑畫好的圖擱置在遁甲布盤上。

↑將各種靈符集合起來成為巨大綜合圖。能夠發揮強烈的力量，最適合用來使自己所畫的符咒擁有力量。

大的曼陀羅圖或是卡巴拉圖上。

代用品雖多，但是最好的是畫出中國所使用的巨大符咒圖，而自己則站在所畫的圖上，或者直接製作遁甲布盤。

❖手或會發出氣的物體罩在畫出的圖上能增加力量

這時，將氣注入整幅圖中，如果氣的狀態散漫的話則無法產生力量，因此要在最重要的線條（軌跡）上集中送入氣。

初學者手發出的氣較弱，因此要準備一些道具，例如強力磁石，距線1公分，罩在其上

↑單手拿著插頭慢慢的移動。

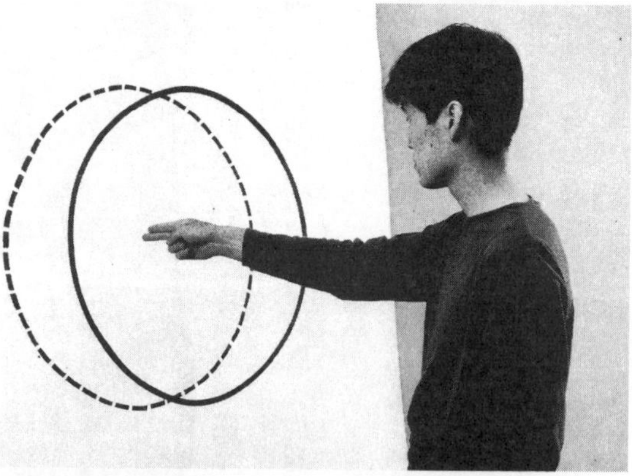

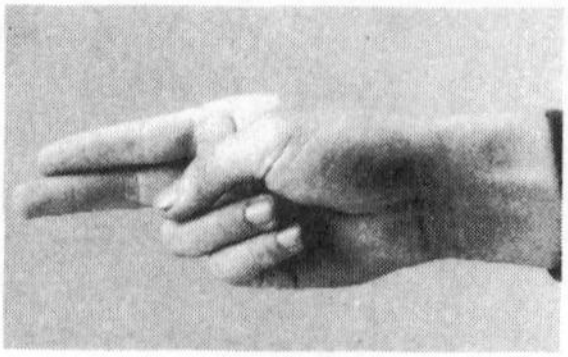

↑腹部用力，手指貫注氣，將氣注入符咒圖，秘訣是手慢慢移動。左圖是表示手指的形狀。

慢慢地移動，或是吸收電線所產生的氣。如圖所示，單手拿著插座，隔著距離像磁石那樣慢慢地移動。

也可以使用先前所說的電子氣功師等，將輸出氣的場所罩在線上慢慢地移動。

稍微明白氣感覺的人，可以如圖所示，腹部用力，將氣灌注於手指，然後送入圖上。還是要沿著線的軌跡慢慢地移動手。

相信各位已經發覺這和畫符咒圖的作法完全相同。並不是注入一次即可，每天都要重複同樣的動作，才能增強氣的力量。

基於同樣的理由，每天站在圖前努力不懈地實行氣功法，不知不覺中，就能注入氣。極言之，只要選定一幅圖，每天進行訓練，即使沒有做了前面所說的那些技巧，也能夠產生這個結論。

但是光用一種圖，恐怕會覺得無聊，如果想要趕緊產生效果的話，在此所介紹的諸技巧都有值得一試的價值。

❖畫好之後放在好的場所

在墨中輸入力量的技巧介紹完之後，接下來再說明利用風水方法的技巧。這是中級的技巧，也許你現在還無法做到，但是產生氣的感覺以後，一定要嘗試一番。

但是這不像前述的技巧，擱在戶外，若受到風吹雨打就沒有用了，所以要擺在家中氣最強的場所。

通常如果是小圖，擺在家中氣較強的場所也無法產生很好的效果，但是若使用等身大的圖，情形又不同了。只要這場所有一點氣的強度，而圖越大的話就越能吸收氣，具有強大力量。即使單位氣的吸收量較小，可是整體增大時，就能產生強大的力量。

①大致為四方形的家，以四角為頂點畫線，交叉處為中心。

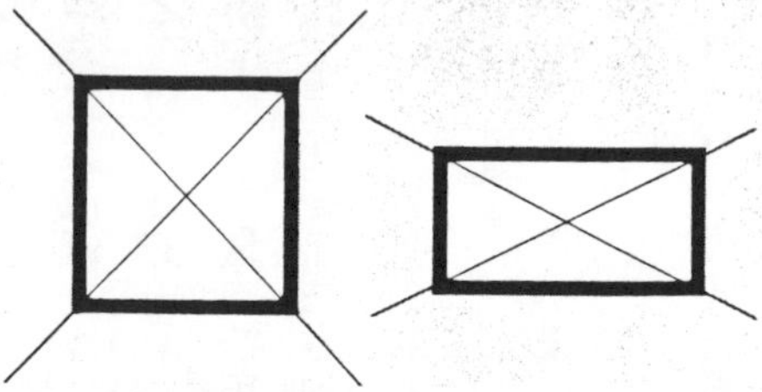

②凸凹的住家，沿著凸凹線畫出四方形，由四角拉出線的交叉處。

凸凹部分如果沒有住人（倉庫、廁所、廚房、儲藏室），省略此處，畫出四方形，從其四角拉出線的交叉處。

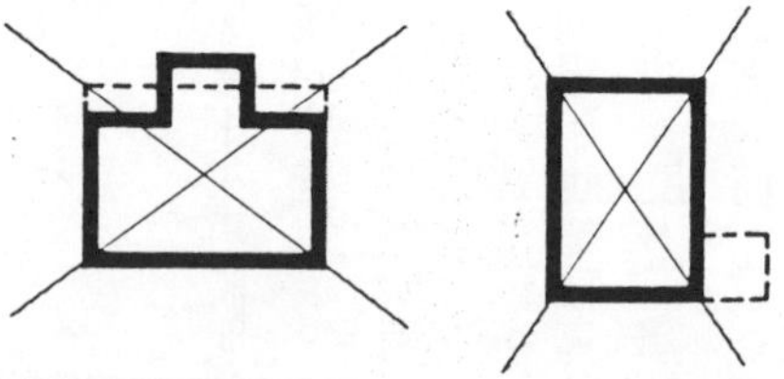

③如果是改建的住家構造複雜，可考慮這家主人住的房間或是客廳等當成住家的中心，從其四角拉出線的交叉處。

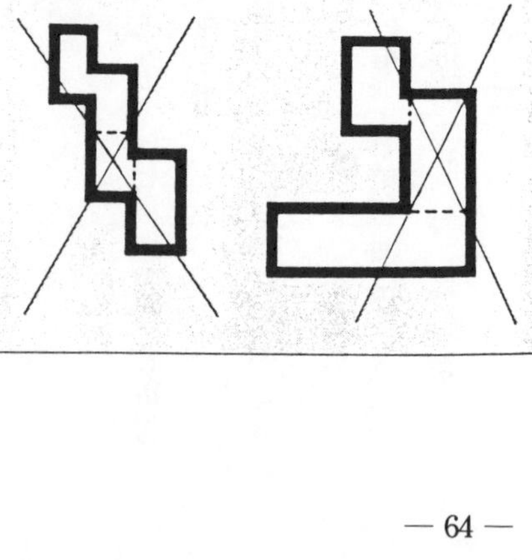

具體的作法如下：

首先，描繪出你家的正確縮尺圖，接著找出相當於住家中心的位置，在這兒畫上一點。依家的格局不同，找出中心的方法也不同，左邊列舉了各種例圖，可找出其中符合的一種，找出自家位置的中心。

找到以後，在圖上擺著方位磁石，導出八方位來。以風水而言，當然是導出二十四方位較好，但是利用九星石區分出二十四方位是為了觀察意象，有點麻煩，因此對這方面不熟的

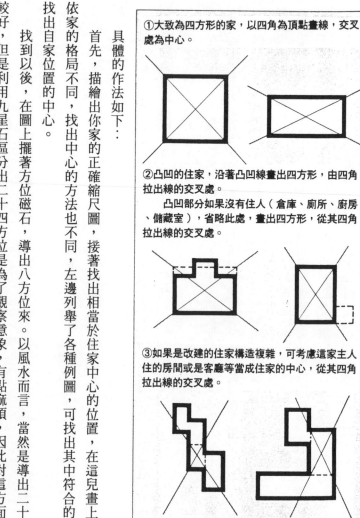

人，只要利用八方位即可。

方位如上圖所示，東西南北四個方向（稱為四正）為三十度，東南、西南、東北、西北四個方向（稱為四隅）為六十度。

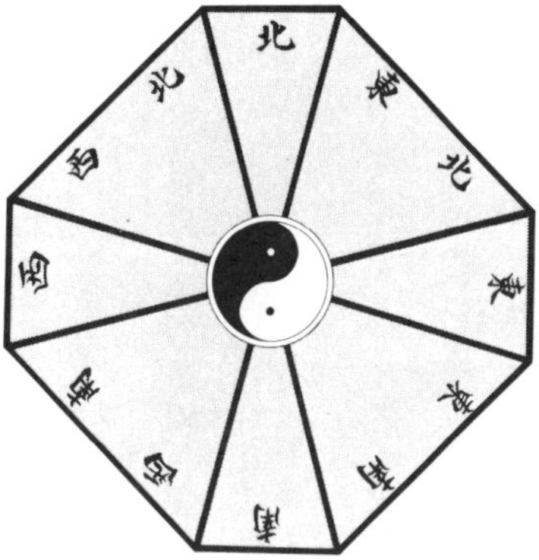

<八方位盤>

然後看氣學書，找出哪個方向的氣最強。有日、月、年盤及二十年盤等，要使用哪一種和擺放符咒圖的期間有關。

日盤為一日單位，月盤為一月單位，年盤為一年單位，二十年盤則是二十年內氣強度場所的變化。一般而言，利用月盤較好。

如果希望得到真正的風水效果，當然是使用二十年盤較好，但是恐怕無法支撐到這個期間的十分之一，因此最多也只能使用年盤。

所以我個人認為風水的技巧，各位還是參考九星書較好。

富於變化的簡圖法及注入力量的秘訣

從符咒氣功圖的畫圖技巧開始，上墨、注入秘傳力量的技巧都介紹過了。

本章的技巧傳授也接近尾聲，要開始介紹真正的簡圖法技巧。學習到此，如果各位能夠做出符咒圖，絕非言過其實。

符咒氣功法的簡圖富於多種變化，可以像正式圖一樣，用墨畫在紙上，或不用墨亦可。

相信各位一定很感興趣吧！在此即說明一下超越畫圖常識的符咒略畫法。

◈使用墨與紙

這是與先前敘述的完全相同的一型，總之，就是將複雜的正式圖加以簡化畫出來。作法與正式圖完全一樣，只要用筆和墨在紙上畫出即可。

◈使用膠帶

這是為了一些無法製作簡圖或巨大圖的人想出來的方便法。

想要製作等身大或更大的圖，卻沒有這麼大的紙時，就必須把幾張紙黏起來，可是那樣光畫線就很麻煩了，就算只是把直線拉長也很辛苦，即使非常小心，有可能畫出來的直線成了曲線，不習慣的話，甚至連線條的粗細也無法維持穩定。

後來我想出了利用膠帶的方法。膠帶拉得再長，也能呈一直線延伸，當然，粗細也是固定的。

剛開始時，我們將膠帶貼在大紙上，後來發現可以直接貼在牆壁上。當然啦，如果是租賃的房子，房東可能會發牢騷亂貼膠帶，可是若為自用住宅，就沒人管了。

之後，這個方法成為主要的用法。不需要筆、墨、紙，製圖簡單，只要測量一下尺寸，將膠帶貼在牆壁上就完成了。

雖然如此簡便，卻有一些問題，換言之，並不是買膠帶回來貼上去即可，還是要基於符咒的作法輸入氣，否則是無法產生氣的膠帶而已，當然不能進行訓練。

通常只要使用以下的膠帶，就能提高氣的力量。

①黏貼膠帶……黑色的較好。因為白色的不明顯，而紅色、藍色、水色等與稍微會提到的當作記號用的圖形膠帶無法區別。

首先要把黏貼膠帶長時間放在會發出氣的物體（遁甲布盤等）之上，使其充分吸收力量，否則會成為無法產生力量的符咒圖。

②布膠帶……無色的較好。表面塗上墨汁，使其產生力量，而事先可在墨汁中混入磁石，就能形成強力膠帶。與黏貼膠帶不同，立刻即可使用。

③金屬素材膠帶……依素材不同而有異，但是大都可以立刻使用。在圖完成以後，利用磁石或電子氣功師注入氣。

④銅線、銀線等……雖然不是膠帶，但一樣可以使用。由於不能接著，因此要用玻璃膠帶等黏貼在牆壁上。通常是用於下面所說的「上托」等特別訓練時。

左圖是使用這些材料在牆壁上畫出來的符咒氣功圖。其實不能說是「畫」，而是製作出來的，至於小圓圈部分，則是使用市售的圓形膠帶，顏色、尺寸各有不同。

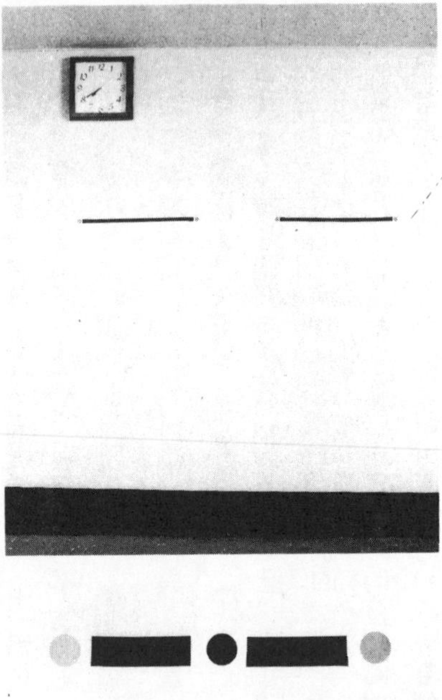

↑上為符咒氣功法的「撐掌」所使用的膠帶簡圖，下方同樣的是「頸功」所使用的膠帶簡圖。小的圓的部分可以使用市售的圓形膠帶，利用這個方法作符咒圖時，就能夠簡單的完成圖。

使用膠帶的簡圖，無法畫出曲線，因為這樣的形狀無法貼在牆壁上，所以只能如下頁圖所示，形成虛線。

話說回來，曲線的虛線粗細、寬度都維持穩定，如果你用筆很難畫出曲線的虛線，最好利用這種技巧來作圖。

◈訓練上托時產生的神奇體驗

利用此種略畫法進行各種實際體驗時，有個例子令我印象深刻。

練氣功有上托這個動作，如圖所示，挺直背脊，雙手伸直在頭頂上方交疊，配合呼吸而動作。

如果要以此來作圖的話，即使是矮的人也需要將近二公尺的圖，而圖本身由於身體成直線，所以很容易畫，但是線條很長，頗費工夫。糟糕的是就算花工夫畫了出來，也不見得具有符咒的效果。

這不是沒有道理的。因為上托這動作線所描繪的方向，也就是說面對自己身體的側面方向，因而無法產生訓練效果。

如圖，這個動作主要是在頭上進行訓練，所以動作的主力是在頭上方向，而眼睛、即意識集中的方向也是在此。換言之，包括肉體的動作、意識在內，都集中在頭上方向。

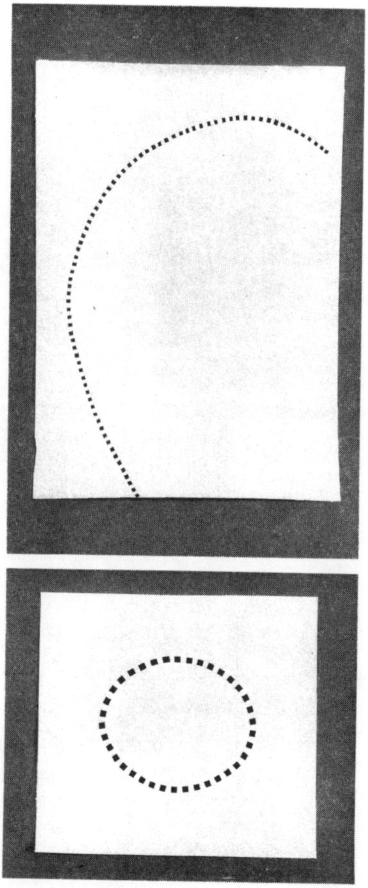

↑使用膠帶的曲線例。沒有辦法作出實線，但是利用虛線就可以作得很好了，不會用筆畫虛線符咒圖的人，使用這種膠帶較為方便。

但是我認為這樣子不太好。因為貼在側面的圖保持靜止狀態時，對於氣力量的形成沒有幫助。當然，也有類似的訓練，例如「抱膝」就是其中之一，但上托和抱膝不同，並不是靜止的，而是對上下方向練習強烈氣的訓練，然而貼在側面的圖沒有任何貢獻，只有最上面的一些部位有關而已。

一旦使用這幅圖，如何才能產生上托效果呢？……我為此而煩心。所以我就想了各種方法，例如在頭上貼八卦盤。但是就算手抬高，距天花板仍遠，對沒有氣感覺的初學者而言，很難與天花板產生氣的交流。

↑練氣功的上托動作要挺直背肌進行，伸直的雙手在頭上交疊。配合呼吸，雙手不斷往上移動，動作是以在頭上進行的動作為主力。

後來我又想到製作如箱子般的物體，就是像「模魚」動作的如桌子狀的道具。但是我又想到進行上托時，因為動作過於巨大，擱置箱子非常的困難。

幾經思索，而後有了略畫的發想。也就是在比上舉至頭上的雙手高度更高的地方貼膠帶就可以了。

剛開始時是隨意貼膠帶，後來發現和貼在牆上的一直線圖的效果相同，沒什麼改變，甚至「氣」還會流失。

而後我察覺到做這個動作時，腳的位置和伸直的手成一直線，卻始終忽略了。事實上只要在天花板和地面貼膠帶就可以了，這樣子對自己的姿勢是否成一直線就可一目瞭然。

只要能想到這點，其他的就很簡單了。就好像與貼在天花板和地面的線相連似的，站在其間的人，兩側再貼上一條線就更萬無一失了。從前面看過去，好像一個人被包圍在四方形的盒子裡似的（參照圖片）。

而在用膠帶包圍的線上，就像產生電氣一樣，會有氣循環。對於把氣功法練到某種程度的人而言，相信很容易明白這點。

我曾讓高崎站在那之中，進行練氣功動作（主要為上托），發現圍繞的膠帶也有氣流竄，出現與以往練習上托時所無法比擬的高效果狀態。

用手掌感覺到高崎所發出的氣，即使距離數公尺遠，也好像有壓力湧現一般，他本人的氣感覺更為強大。

「氣流通整個體內，無分上下。」他驚訝地說。

上下黏貼金屬膠帶，兩側使用金屬導線，效果就更高了。比他更為敏感的人，就更能感受到強烈的磁氣，甚至好像有電氣流竄一般。

方法簡單而合理，使用膠帶的符咒氣功圖，就能產生如此驚人的效果。關於上托，在第三章會詳細說明製作方法。

為了畫符咒氣功圖及製作道具的共通技巧大概就是這樣，在次章中要進入各別的討論。為了訓練符咒氣功法的各項動作，網羅了所有圖的畫法（或是道具的製作方法），請好好閱讀。衷心希望各位能充分活用前述秘訣，製作出對訓練有幫助的圖。

↑膠帶黏貼成四方形箱子狀，藉著這個發想，就能夠使上托的訓練產生很好的效果。利用膠帶圍出來的空間，就好像別次元似的，會產生神奇現象。

第三章 簡單描繪就能強化氣發生的符咒氣功法基本訓練

基本功

基本功第一式　只要利用短直線就能輕易畫出的符咒氣功基本

符咒氣功法有很多，為了與我其他講仙道氣功法的書求得統一，本書是要介紹練氣功的應用。

練氣功分第一式、第二式，共計二十六個動作，但其中擦掌和雙人共同進行的諸動作，也就是說雙人粘頸、對掌、跳舞功等，無法以圖描繪出來，在此就不介紹了。

除此之外的二十二個動作圖（實際上分為兩種，因此為二十四～二十五個）為各位介紹如下：

同樣是練氣功，但符咒練氣功與基本的練氣功相比，順序不同，理由是第一式的畫法困難，第二式比較簡單。以符咒的情形而言，當然是以畫圖為主，因此要以難易度為優先考慮。看過拙作《超人氣功法》的讀者一定會對本書的順序感到困惑，這就是原因所在，希望各位諒解。

各符咒氣功法（符咒練氣功）標題部分，表明了何者屬於第一式，何者是第二式，以往曾進行過練氣功，習慣其順序的人，要參照標示再構成練氣功較好。而新讀者若想知道正規練氣功的順序，請參閱《超人氣功法》。

本章所介紹的符咒氣功法圖，幾乎都是由直線或簡單的曲線構成的，對初學者而言並不難。當然，基於等身大尺寸等理由，有時線條很長，但是只要筆直地拉出線來就夠了。如果畫好了草圖，就不用怕失敗。本章所蒐集的圖，都很適合入門者。

不只圖畫起來簡單，動作也很單純，因此可以立刻畫、立刻訓練。然而效果不可能馬上出現，若不累積相當久的訓練，便無法見效。

這是時間問題，只要多花點時間，也能產生好的效果。此外，本章還要介紹不會畫正式圖或對簡圖也感到棘手的人，使用膠帶作圖的方法。雖然某些圖一定要使用正式圖，但大半皆可用簡圖。

首先介紹的是符咒氣功法基本的基本功圖作法（畫法）。基本功是練氣功的基本，是重要的訓練，姿勢、呼吸、足形，在各練氣功的動作中都用得到。當然，有些看得到，有些看不到，但是仔細觀察，都是基本功的衍生形，因此在每一個動作處都會為各位說明。總之，就算有點差距，也是基於基本功而進行的動作。

若能熟習畫圖、訓練，幾乎所有的練氣功都能加以應用。

接下來就要介紹符咒圖的畫法，請翻閱本書末所附的「全尺寸圖集」，看了之後就會了解圖的畫法。此外，在畫法的行末所印的數字，表示在尺寸圖集的頁數。

◈**基本功正式圖的畫法**（材料＝長八〇〇公厘×寬七〇〇公厘以上的紙、墨、墨汁）二一〇**頁**

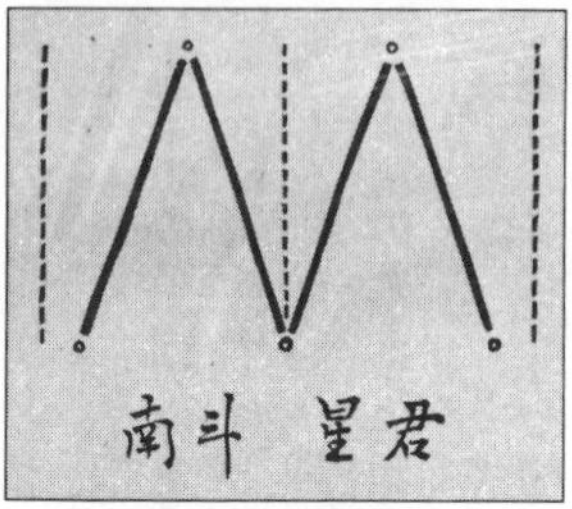

<基本功的正式圖>

基本功的符咒圖與中國符中的「南斗星君」圖形對應，左圖的太陽（右上）的下方畫的W圖形即是正式圖。

當成基本功用的符咒圖時，利用圓圈畫出M的上端和下端（如果要畫出相反的W時，只要畫三條縱虛線）。

用墨描過的正式圖、簡圖及利用膠帶的簡圖，都可以使用。以下分別介紹正式圖和簡圖的畫法。

①將紙平鋪面前，用鉛筆畫三條相隔二四〇公厘的直線虛線，長二八〇公厘，再寫上「南斗星君」四字，同時要留有縱二五〇公

↑稱為「太歲星符」的靈符。右上方太陽下方的圖案與南斗星君的圖形對應。

厘以上的空白。如尺寸圖所示，線是虛線，由於這是草圖，要畫得淡些。

②畫五個直徑十五～二十公厘的圓圈。從兩端的虛線下端開始，在四十公厘處各畫一個圓，再於中間虛線下端畫一個，然後在兩端虛線上端的一四〇公厘處再各畫一個。

③用斜的實線連接這些圓。當然，要畫得淡些。

④最後在下面（眼睛看出去最近的部分）寫上「南斗星君」四字，大約距中間虛線下端的圓50公厘左右。

⑤草圖完成之後，按照先前所說的符咒上墨的要領送入氣、上墨。這就是基本功圖。

❖**基本功簡圖的畫法**（材料＝長八〇〇公厘×寬四〇〇公厘以上的紙、墨、墨汁）

不同於正式圖的是，不用在下方寫「南斗星君」四字。而作圖過程，和正式圖的①～③及⑤相同。

❖**基本功膠帶簡圖的作法**（材料＝黑色黏貼膠帶、十五～二十公厘的水色或紅色圓形膠帶）

直接將膠帶貼在地板上作圖。雖然作法簡單，卻會受到地板狀態的影響，如果地板不能黏緊膠帶就不適合，這時就只能貼在紙上了。

如果地板顏色較深或有複雜的花紋，就不要再用黑色的膠帶，否則很難區分，可以改用其他顏色的膠帶，例如白色或銀色膠帶。各位應視實際情況的不同而變通。

①首先貼好五個圓形膠帶。如上圖所示，下方的三個側面距離200公厘黏貼，剩下的

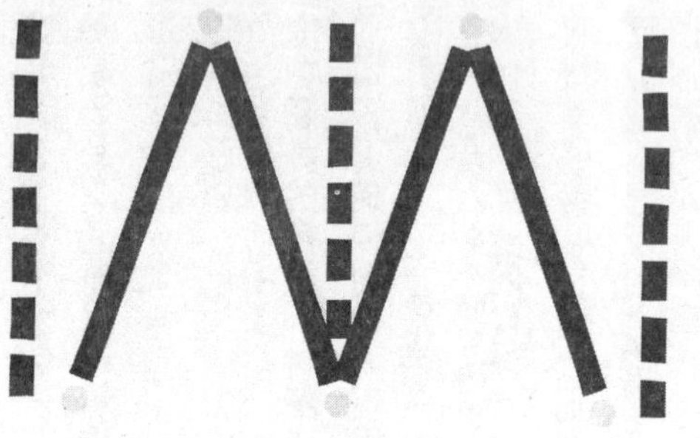

↑貼於地面的基本功的膠帶簡圖。

兩個則距離左右圓形膠帶橫一〇〇公厘、縱二八〇公厘處黏貼。

②這五個圓圈用黑色膠帶斜向連起來。不要完全與圓形膠帶貼合，最好留個幾公厘。

③從兩端的圓到外側四十公厘處，以及正中央圓圈處，黏貼長二八〇公厘的虛線狀膠帶。虛線的寬度依膠帶寬度不同而有異，不過直為三十～四十公厘、橫為膠帶寬度即可。如果弄得太小，不易黏貼，而且容易脫落。

圖完成後，再進行訓練。

■**基本功的訓練法**

①如圖所示，雙手插腰，兩腳併攏站在中間虛線處。

②腳跟不動，腳尖沿著斜線張開成八字型。

③從這個位置，腳再沿著圖張開成內八字型。也就是說，腳板按所繪圖形移動。

④最後雙腳停在左右虛線部分。這時，足形恰好是

肩寬。以上就是基本功的運足法，然後稍微落腰，進行練氣功的呼吸法。

⑤呼吸法有兩種，一種叫做短式，只使用鼻子做短暫的呼吸。另外一種叫做長式，由口慢慢吐氣，用鼻子緩長地吸氣。長式的吸吐，一次約是十～十五秒的長度。而兩式在吐氣時

①

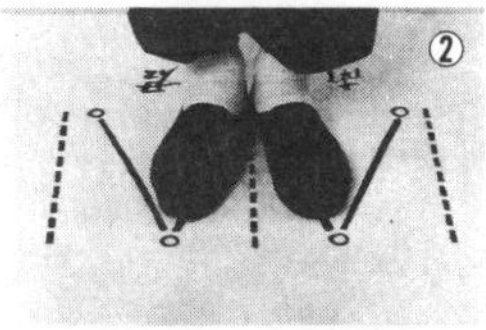
②

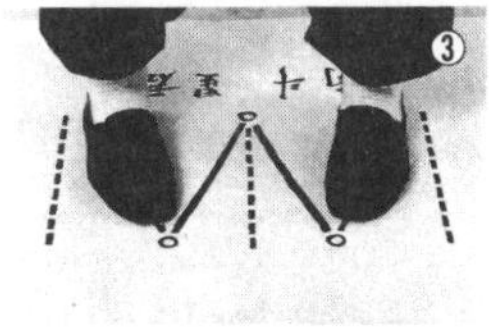
③

④
⑤

，都要收縮下腹。

以上就是基本功的訓練。基本功圖與其他符咒圖相比，很難產生很好的效果，但是不管什麼時候去練基本功，在無意識當中，腳就會擺出如圖形的姿勢，非常奇妙。

就算尚未到達這個程度，利用這個圖做基本功的足訓練時，能使練氣功的運足變得非常順暢。與不利用圖進行時相比較，效果非常的好。而且有幾個人實行以後，發現會產生與符咒圖和氣的同調現象，自己也能順利地運足。

頸功—轉腰 頸功第一式 象徵太陽與月亮的仙界氣功法

頸功圖在中國符咒中也經常出現。像先前的圖片，畫在右上方和左上方的太陽和月亮即是，一般稱作日月圖。它與仙道內功的訓練有密切關係，據說象徵人的雙眼，在仙道的內經圖（將人體視為宇宙）中也有這類的暗示描繪。

頸功和轉腰的圖形一樣，但訓練法不同，所以尺寸也不一樣。一起說明的話可能會造成混淆，所以在此就分成兩項說明。

首先是頸功圖。頸功包括左右動和後動，以下依序說明。

❖左右頸功正式圖的畫法（材料＝長四〇〇公厘×寬三〇〇公厘以上的紙、墨、墨汁）二一一頁

①在紙的中央用鉛筆淡淡地畫出直徑十五～二十公厘的圓。

②在圓的左右分別畫出一條六十公厘的橫線。

③面對紙，左側是月亮圖，右邊是太陽圖。在月亮周圍可以畫上星星圖形及一些橫的短線，而太陽周圍則要加上代表光芒放射的線條。太陽和月亮圖大小約莫是八十公厘的正方形。

④畫好草圖，按照符咒的上墨要領，一氣呵成地上墨。

※**左右頸功簡圖的畫法**（材料＝長二六〇公厘×寬一四〇公厘以上的紙、墨、墨汁，水色和紅色的圓形膠帶，或顏料、奇異筆）**二一一頁**

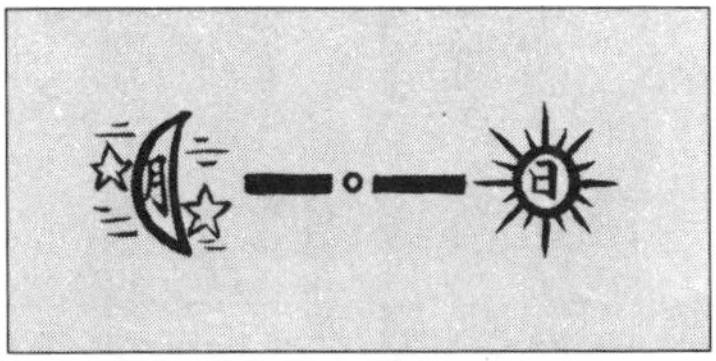

<左右頸功的正式圖>

①在紙中間用鉛筆淡淡地畫出一個直徑十五～二十公厘的圓。

②在圓圈左右各畫一條長一〇〇公厘的橫線。接著，再各畫一個直徑十五～二十公厘的圓。

③畫好草圖之後，按照符咒的上墨要領上墨。

但這不等於太陽和月亮，因此在左邊要貼上水色的圓形膠帶，在右邊則貼上紅色膠帶，或是利用顏料、奇異筆上色。

※**左右頸功膠帶簡圖的作法**（材料＝黑色黏貼膠帶、十五～二十公厘的淺藍色、紅色、黑色圓形膠帶）

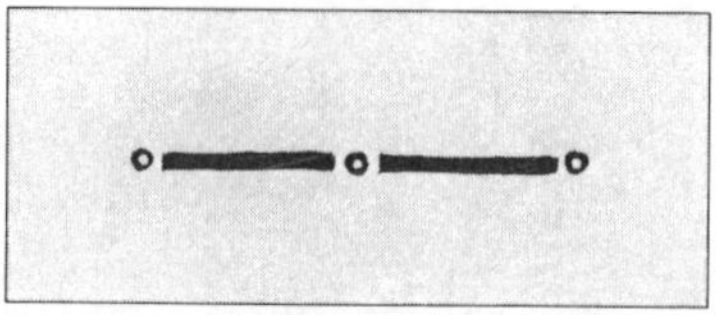

<左右頸功的簡圖>

與基本功不同的是貼在牆壁上。接下來所介紹的是幾乎都貼在牆壁上的圖。

①在與眼睛同樣高度處貼黑色圓形膠帶。

②然後在左邊距離一〇〇公厘處貼上淺藍色圓形膠帶，右邊距離一〇〇公厘處貼上紅色圓形膠帶。

③貼上黑色黏貼膠帶連接這三個圓圈，但不可實際相連，要間隔數公厘。牆壁顏色較深或有花紋時，改用黑色以外的膠帶。

由於太陽和月亮記號已用有色膠帶代替，所以不必再上色。準備完畢即可進行訓練。

■左右頸功訓練法（使用簡圖）

①把左右頸功圖貼在牆上，高度約在略微下腰時眼睛平視處，要與線條對合。

②距離頸功圖七〇〇公厘遠，如圖所示，背對著牆壁站立。這張照片是為了讓各位看清楚，而採斜向角度攝影，實際上要讓中間的圓圈和眉間完全一致。

③按照基本功的要領，雙腳張開，雙手插腰。

④脖子朝右邊或左後方轉動。

⑤朝右邊轉時，右眼看向淺藍色圓形膠帶（正式圖上為月亮）。朝向左邊時，左眼看向

紅色圓圈（正式圖上為太陽）。

⑥利用這個姿勢進行短式呼吸，用鼻子吸氣、吐氣，進行三十～六十次。結束後脖子還原。

⑦其次脖子朝左轉，用左眼看紅色圓圈（正式圖上為太陽）。先前看紅色圓圈的人，這時用右眼看淺藍色圓圈（正式圖上為月亮）。同時利用短式呼吸，進行三十～六十次的訓練。

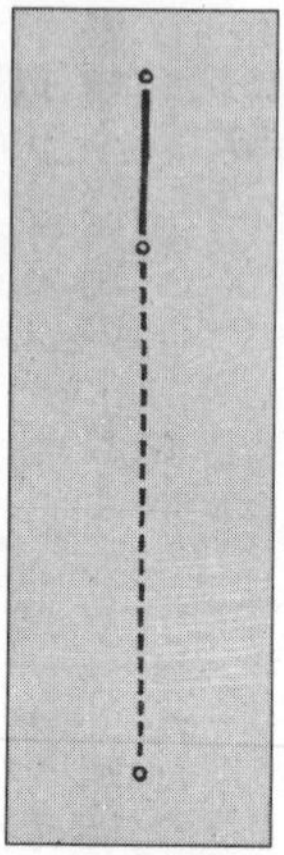

＜後頸功的正式圖＞

❈後頸功正式圖的畫法（材料＝長二〇〇公厘×寬二四〇〇公厘以上的紙、墨、墨汁）**二一二頁**

頸功除了左右的動作，還有朝後仰的動作，接著介紹它的符咒圖作法及訓練法。

①在紙張中間的直線方向取二三五〇公厘的距離，但不需要用鉛筆畫出線條。

②在這距離的最上端用鉛筆畫出直徑十五～二十公厘的圓，再於其下方距離五〇〇公厘處，另畫一個同樣大小的圓。之間用實線輕輕地連接起來。

③在第二個圓下方一八五〇公厘處再畫第三個圓，之間用虛線連接起來。由於距離較長，畫時要小心謹慎。也可以淡淡地畫一條實線，再於其上描繪清晰的虛線。

④畫好草圖，按照符咒的上墨要領上墨，運筆時要一氣呵成。

❈後頸功簡圖的畫法（材料＝長二〇〇公厘×寬七〇〇公厘的紙、墨、墨汁）

簡圖只畫正式圖②的部分，也就是第一、第二個圓圈和五〇〇公厘的線。因為線較短，畫起來非常簡單。

首先用鉛筆在距離五〇〇公厘的兩點各畫一個直徑十五～二十公厘的圓圈，之間用實線連接起來。完成草圖後，再按照符咒上墨的要領一氣呵成地上墨。

❈後頸功膠帶簡圖的作法（材料＝黑色黏貼膠帶，十五～二十公厘的紅色、黑色、淺藍色圓

形膠帶）

①首先在與地面緊密連接的牆壁處，貼一個淺藍色的圓形膠帶，然後在上方一八五〇公厘處貼紅色圓形膠帶。

②在這兩個圓形膠帶之間，用黑色黏貼膠帶以虛線連接。每一塊膠帶的尺寸，長為三十～四十公厘，橫為膠帶的寬度。如果嫌麻煩，也可以利用白色的黏貼膠帶或金屬膠帶來代替虛線。

③在其上方五〇〇公厘處，再貼一個黑色圓形膠帶。

④黑色與紅色圓形膠帶之間用黑色黏貼膠帶以實線相連。

以上就是訓練之前的準備。

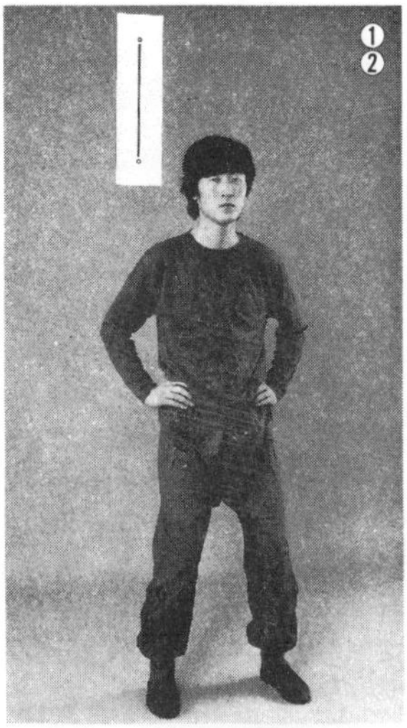

■後頸功的訓練法（使用簡圖）

①首先在距地面一八五〇公厘處與圓形膠帶的下方部分對合，以此為起點貼紙。

②貼好紙以後，筆直站著，按照基本功的要領，雙腳張開，雙手插腰。

③脖子往後仰。

④雙眼先瞪著上方的圓圈。

⑤接著視線沿著實線往下，一直到看見其下的圓圈。到了這個位置時，脖子不必再向後仰，進行三十～六十次的短式呼吸。結束以後，慢慢地把脖子回復原來姿態。

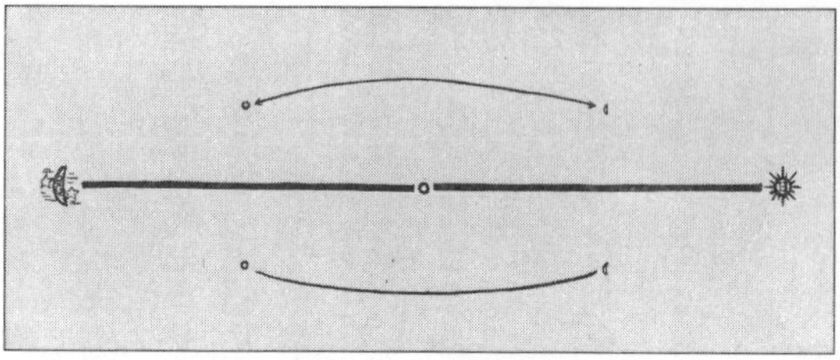

＜轉腰的正式圖＞

❖轉腰正式圖的畫法（材料＝長一八〇〇公厘×寬八〇〇公厘以上的紙、墨、墨汁）**二一三頁**

轉腰圖與左右頸功圖很像，但訓練時的動作較大，因此圖也要畫得大些。

①在紙的中間用鉛筆輕輕畫出直徑十五～二十公厘的圓圈。

②在圓圈左右各畫一條六〇〇公厘長的實線。

③在線的左端畫月亮圖，右端畫太陽圖。圖案與頸功正式圖完全相同，星星、短橫線和象徵光芒的斜線都要一一畫出。大約是八十公

厘正方形的圖。

④如尺寸圖所示，在中間圓圈上下各二〇〇公厘處畫點，然後畫出曲線，它所佔的範圍橫向為三五〇公厘，直向為五十公厘。

⑤在曲線的左端畫個小圓圈（代替太陽），在右端畫個小月亮。上下曲線都要畫出這兩個記號。

⑥打好草圖之後，按照符咒上墨的要領上墨。因為距離稍長，所以在畫圓圈和圖時，可以略做休息喘口氣。

❈**轉腰簡圖的畫法**（材料＝長一八〇〇公厘×寬一〇〇公厘的紙、墨、墨汁、淺藍色和紅色顏料、奇異筆、圓形膠帶）**二一三頁**

把正式圖上的月亮、太陽及上下的曲線（還有圓圈和小月亮）拿掉即是簡圖。

①在紙的中間用鉛筆輕輕畫出一個直徑十五～二十公厘的圓圈。

②在圓圈左右各畫一條六〇〇公厘長的實線。

③在線的左端與右端各畫一個十五～二十公厘的圓圈。

④畫好草圖後，按照符咒上墨的要領上墨。

但是這樣無法直接代替太陽和月亮的記號，所以左端的圓圈要貼淺藍色圓形膠帶，右邊的圓圈要貼紅色圓形膠帶，或是利用顏料、奇異筆上色。

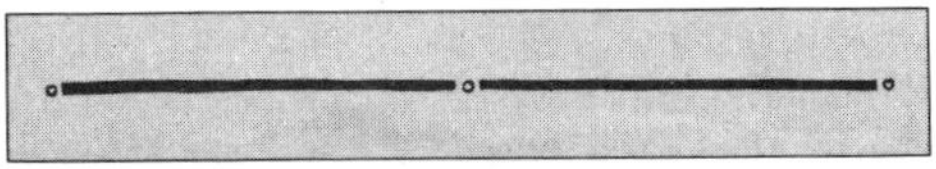

<轉腰的簡圖>

◈轉腰膠帶簡圖的作法（材料＝黑色黏貼膠帶、十五～二十公厘的黑色、淺藍色、紅色圓形膠帶）

①在距離地面一五〇〇公厘高之處貼上黑色圓形膠帶。

②在黑色圓形膠帶右側六〇〇公厘處貼上紅色圓形膠帶。

③在左邊六〇〇公厘處貼上淺藍色圓形膠帶。

④黏貼黑色黏貼膠帶，把這三個圓行膠帶連接起來。長度大約是五八〇公厘，黏貼膠帶和圓形膠帶之間會留有一些空隙，並不是緊密相接。

利用膠帶製作簡圖時，毋需加上上下曲線和小型日月圖。

■轉腰的訓練法（使用正式圖或膠帶簡圖）

它和頸功訓練法的不同，不只是脖子，連上半身也要整個向後轉。它的圖之所以較大，理由在此，而扭轉力也較頸功大。

此外，曲線和小的日月是輔助記號，往後看時是要看左右兩端較大的日月圖。

①背對轉腰圖七〇〇公厘站好。

②按照基本功的要領張開雙腳。

③右手朝左腰、左手朝右腰移動。右手手背抵住腰，左手手掌貼住腰，身體朝右扭轉。

④這時，右眼會看到小的太陽圖，此為指示記號，沿著這個曲線扭轉身體，去看大的太

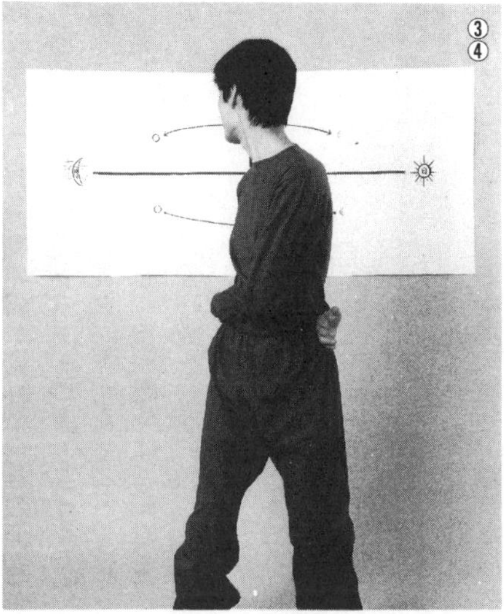

↑使用正式圖訓練

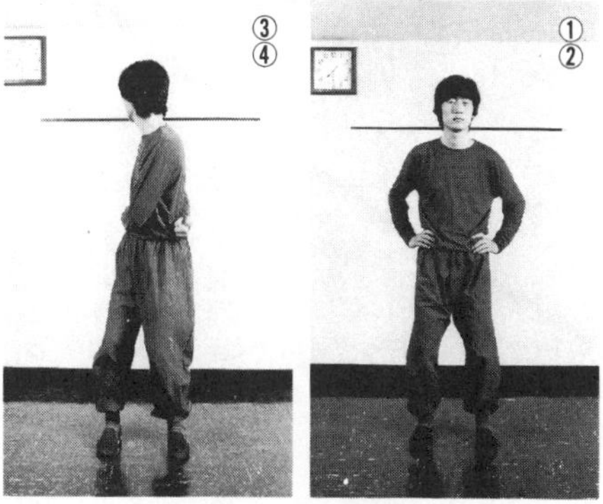

↑使用膠帶簡圖訓練

陽圖。看到之後就停止，進行三〇～六〇次的短式呼吸。

使用簡圖時，並無指示記號，因此身體朝左轉時，左眼看到淺藍色圖形時即可停止，進行短式呼吸。

如果是利用膠帶簡圖，也沒有指示記號，因此身體扭轉到右眼看見紅色圓圈時就停止，進行三十～六十次短式呼吸。然後身體回復原來的姿勢。

⑤其次，右手手掌貼在左腰，左手手背貼在右腰，身體朝左扭轉。眼睛看到小月亮圖時

，當成指示記號，直到左眼看見大的月亮圖時，停止扭轉，進行三十～六十次短式呼吸。

跕腳—展臂—抱膝

跕腳第一式　稍微麻煩的符咒氣功圖

到目前為止所畫的基本功、頸功、轉腰圖，雖然線條長了點，但都只是直線和簡單的曲線、圖案，整體而言算是單純的了。

接下來要介紹的圖還是以直線為基本，但是圖本身很大，或是直線的方向不一，所以比較困難。在練氣功中有三種圖具有這種型態，首先就跕腳動作圖為各位做說明。

❖跕腳正式圖的畫法（材料＝長八〇〇公厘×寬一六〇〇公厘以上的紙、墨、墨汁）**二一四頁**

①用鉛筆輕輕畫出直一五〇〇公厘、橫六六〇公厘的L字型線。這是為了畫草圖而打底稿，所以要畫得更淡。

②在六六〇公厘橫線的左端輕輕畫上直徑十五～二十公厘的圓圈。

③在L字型的左上方和右下方，用實線連接起來，形成巨大三角形。

④在左下端的上方四八〇公厘處，同時朝

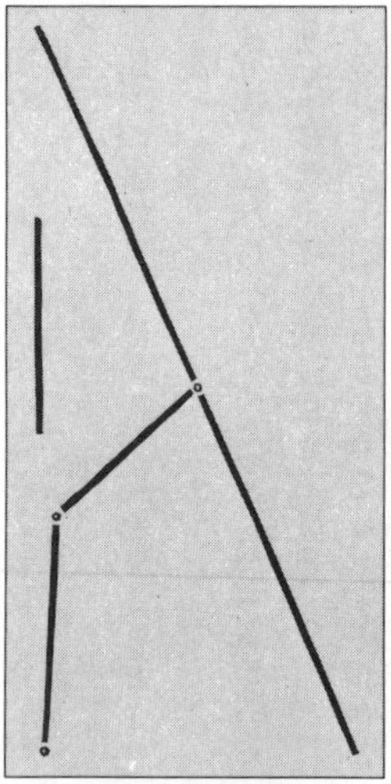

<跕腳的正式圖>

右三十公厘處畫出十五～二十公厘的圓圈，如尺寸圖所示拉一條斜實線。

⑤其次，從左下端往上七八〇公厘處及往右三三〇公厘處，也畫十五～二十公厘的圓圈，和④的圓圈用實線相連。

⑥最後在距離左下端六二〇公厘處到一一〇〇公厘處，畫一條實線。

⑦完成草圖後，按照符咒的上墨要領上墨。

如果遊刃有餘，可將紙的尺寸加倍，畫左右對稱圖進行訓練，那就更方便了。

◈**踮腳膠帶簡圖的作法**（材料＝黑色黏貼膠帶、十五～二十公厘的紅色圓形膠帶）

①在與地面同高的牆壁處貼紅色圓形膠帶，然後在其右側六六〇公厘處做記號。

②在①的紅色圓形膠帶（左下端）上方四八〇公厘處再往右三十公厘，貼一個紅色圓形膠帶。

③在①的紅色圓形膠帶（左下端）上方七八〇公厘處再往右三三〇公厘，貼第三個紅色圓形膠帶。

④在①的紅色圓形膠帶（左下端）正上方六二〇公厘處、一一〇〇公厘處、一五〇〇公厘處，分別做記號。

⑤最後用黑色黏貼膠帶把紅色圓形膠帶和記號連接起來。紅色圓形膠帶和黑色黏貼膠帶之間要留點空隙。

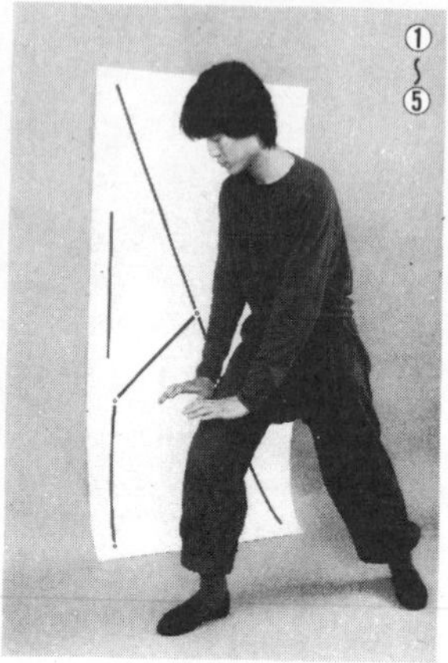

左下端上方的六二〇公厘與一一〇〇公厘之間，用黑色以外的膠帶連接，如此在訓練時較易了解（相當於手的位置）。若能作成左右對稱圖，更容易訓練。

■**踮腳的訓練法**

①距圖三〇〇公厘遠站好。

②右腳如圖所示，置於左下端圓圈處。

③左腳則踏在相距六六〇公厘處。

④右膝的位置距下端四八〇公厘，也就是說與中間的圓圈對合。

⑤頭的位置如圖所示，對合距左下端一五〇〇公厘的地方。整體而言，姿勢略微前傾。

⑥先抬起右腳跟，這時手擺在最高的位置，從左下端算起，在一一〇〇公厘處，就在拉直的實線上方附近。

⑦腳跟好像用力踏地面似地放下來，同時手下降到實線的下端（距離左下端六二〇公厘處）。此時，用力地吐氣，在吐完氣的瞬間，腳跟咚地貼於地面。

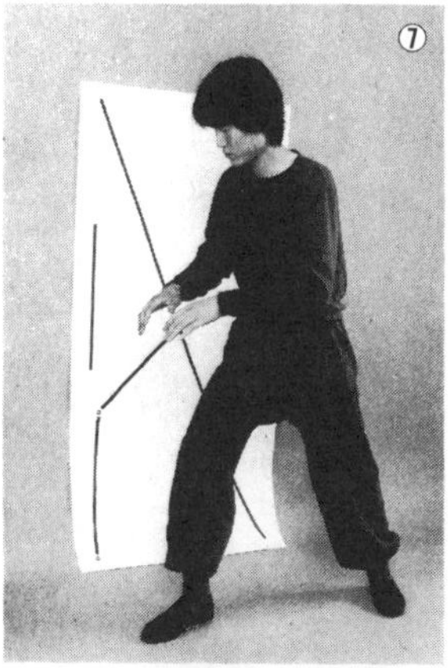

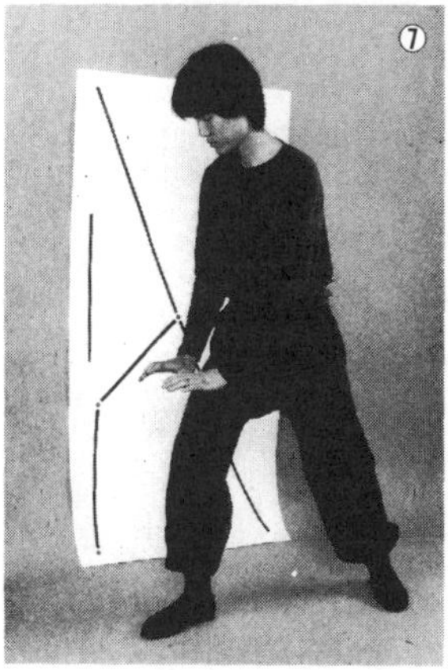

⑧吸氣時用鼻子快速進行，手回到⑥的實線上端（一一〇〇公厘處），而腳也要還原。

⑨換腳進行同樣的動作，左右各做三十次。畫左右對稱圖的人，可以與相反側的圖對合來進行。

❖**展臂正式圖的畫法**（材料＝長一八〇〇公厘×寬二四〇〇公厘的紙、墨、墨汁）**二一五頁**

①在紙中央用鉛筆輕輕地畫出直徑十五～二十公厘的圓圈。

②從它往上畫長六六〇公厘的實線，往下畫長一一〇〇公厘的實線，再於上端、下端各畫十五～二十公厘的圓圈。

③接著如尺寸圖所示，往四個方向畫出斜實線，其終點在距中心圓圈橫向五二〇公厘、直向四〇〇公厘的交點，同時分別畫上十五～二十公厘的圓圈。

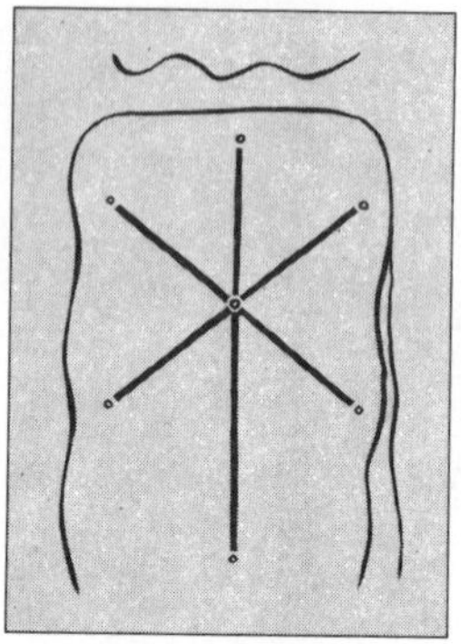

＜展臂的正式圖＞

④好像包圍這個圖似地畫出巨大的自由曲線，但下方不畫，除此之外，也可在上部畫波形曲線。自由曲線的尺寸不限定，目測即可。

⑤草圖完成後，按照符咒的上墨要領上墨。由於圖形巨大，可以在圓圈處休息，再繼續上墨。周圍的曲線則以縱、橫為單位來換氣。

❖展臂簡圖的畫法（材料＝長一三○○公厘×寬一八○○公厘以上的紙、墨、墨汁）**二一五頁**

省略正式圖的自由曲線即為簡圖。由於少了周圍的曲線裝飾，所以紙張小了很多。畫法就請參照正式圖的①～③。

❖展臂膠帶簡圖的作法（材料＝黑色黏貼膠帶、十五～二十公厘的紅色與淺藍色圓形膠帶）

①面對牆壁站立，在胸部（雙乳間）高度貼上紅色圓形膠帶，以此為中心點。而這個位置在訓練時，一旦雙腳張開，會稍微下降些，因此左右腳張開四○○～五○○公厘的狀態下，找出胸部位置較佳。

②往上六六○公厘處、往下一一○○公厘處，分別黏上紅色圓形膠帶。

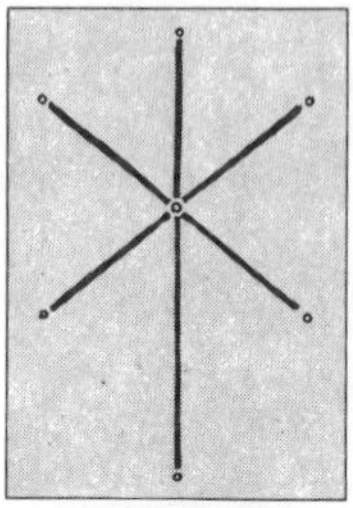

＜展臂的簡圖＞

③接著於中心點的左下、左上、右下、右上四個方向貼紅色圓形膠帶。這四個位置在距中心點橫五二〇公厘、直四〇〇公厘處。

④最後從中心點向各紅色圓形膠帶，分別貼上黑色黏貼膠帶，但是紅色圓形膠帶和黑色黏貼膠帶之間要留一點空隙，不必完全貼合。

■展臂的訓練法（使用簡圖）

①側對圖形站立，身體線對合中間直線。為了讓各位容易了解圖和身體的位置，照片採用斜向角度攝影。但事實上，身體線和中間直線要完全一致。

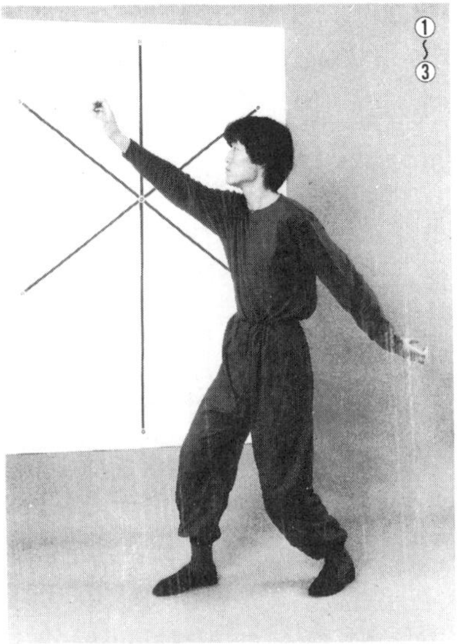

②如圖所示，右腳往前二〇〇～二五〇公厘，左腳往後二〇〇～二五〇公厘。為了正確算出腳的位置，一開始對中心線就要留有間隔，張開雙腳。

③右手對合往左上方的斜線，手掌朝下，彷彿抓住球。左手對合往右下方的斜線，手掌朝上，也彷彿抓住球。照片由於拍攝的角度，雙臂看起來似乎在斜線之上，但是實際在做時，一定要對合斜線。

④用鼻子進行短式呼吸，好像緊握、放鬆柔軟的球的動作一樣地移動手掌，進行三十～六十次。

⑤接著身體成反方向站立，亦即左腳在前、右腳在後，左手與右上方斜線、右手與左下方斜線分別對合，與④同樣地利用短式呼吸進行手部動作。一樣要做三十～六十次。

❖抱膝正式圖的畫法（材料＝長五〇〇公厘×寬一八〇〇公厘以上的紙、墨、墨汁）**二一六頁**

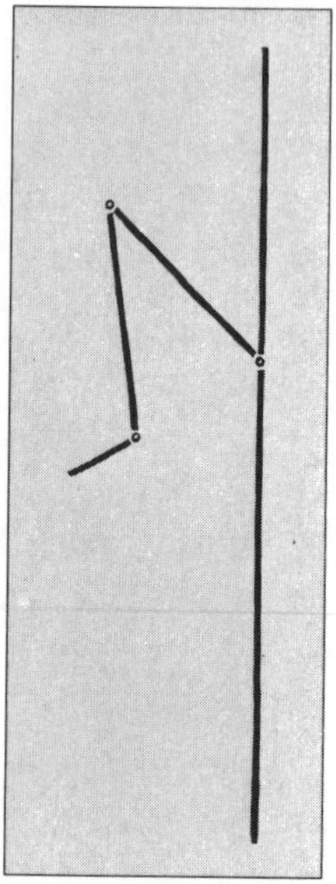

<抱膝的正式圖>

①在紙的右邊用鉛筆輕畫一條長一五〇〇公厘的直線。在線的下方九〇〇公厘處畫個15～20公厘的圓圈（第一個圓圈）。

②從第一個圓圈往上三〇〇公厘再朝左移三〇〇公厘，畫上第二個圓圈。第一

、二個圓圈之間用實線相連。

③從第一個圓圈往下一五〇公厘再朝左移二四〇公厘，畫上第三個圓圈。第二、三個圓圈之間用實線相連。

④從第一個圓圈往下二二〇公厘再朝左移三八〇公厘，畫上一個記號，用實線把它和第三個圓圈連接起來。

⑤草圖完成後，按照符咒的上墨要領上墨。由於線條頗長，可在圓圈處稍作休息，重複符咒的作法畫圖。

❖抱膝膠帶簡圖的作法（材料＝黑色黏貼膠帶、十五～二十公厘的紅色或淺藍色圓形膠帶）

①在距地面九〇〇公厘處貼上一個紅色圓形膠帶（第一個圓圈）。

②在其上方六〇〇公厘處做記號。

③從第一個圓圈往上三〇〇公厘再朝左移三〇〇公厘，貼上第二個紅色圓形膠帶。

④從第一個圓圈往下一五〇公厘再朝左移二四〇公厘，貼上第三個紅色圓形膠帶。

⑤從第一個圓圈往下二二〇公厘再朝左移三八〇公厘，做一個記號。

⑥用黑色黏貼膠帶連接上述的紅色圓形膠帶及記號。紅色圓形膠帶和黑色黏貼膠帶之間要有點間隔，而做記號部分則可以黏貼上黑色膠帶。

■抱膝的訓練法

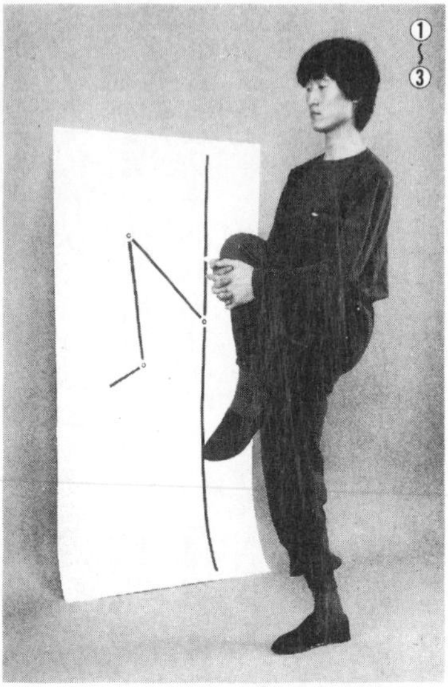
①～③

①距圖二○○公厘遠站好，側著身體與直線對合。

②膝蓋往上抬，腳與連接第一個和第二個圓圈的斜線對合。照片因為角度關係，看起來並沒有對合，但是實際進行時一定要完全一致。

③挺直背肌，進行短式呼吸，身體略微有節奏感地上下動作。

④自己並不確定姿勢是否正確時，可請他人代為觀察，提出修正。背肌沒有挺直，反而向後仰的人很多，要特別注意。

⑤上述動作進行三十～六十次後，換另一隻腳，做同樣的訓練。

振掌　振掌第一式　使巴的軌跡發生強力氣的符咒氣功圖

相信各位已經習慣使用直線畫大型或較複雜的圖了，接下來要介紹的是使用曲線的符咒圖。先解說尺寸較小、圖案較簡單的振掌圖。

❖**振掌正式圖的畫法**（材料＝長四○○公厘×寬六○○公厘以上的紙、墨、墨汁）**二一八頁**

①要畫曲線圖，最好是先畫出一個四角形，再於其中畫圖，比較不容易偏差。這個圖形

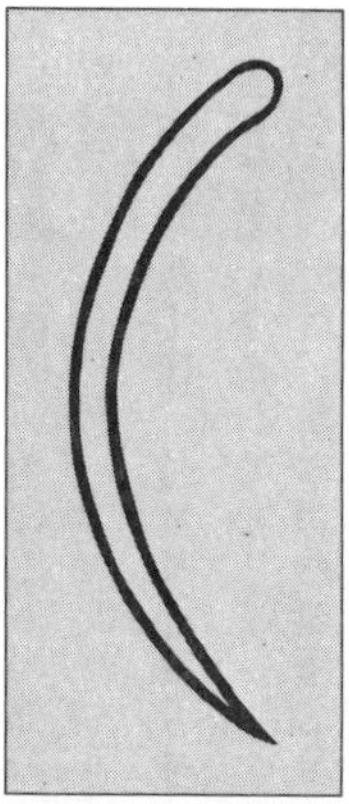

<振掌的正式圖>

要先畫出橫一六〇公厘、直五〇〇公厘的四角形，但是因為事後要擦掉它，所以畫得越淡越好。

②在四角形的右上端畫一個直徑五十公厘的圓圈。

③如尺寸圖所示，從這個圓圈開始朝右下方畫曲線，畫到二五〇公厘處為止。剛開始時和圓圈（五十公厘）一樣粗細，然後寬度漸漸縮窄。最後到了右下端時，收束為一點。

④草圖完成後，按照符咒的上墨要領上墨。

不習慣畫曲線的人一定畫得不好，因此要多加練習。

完成以上的圖，就進入訓練的步驟。

■振掌的訓練法

①把圖貼在牆上。為了算出貼圖的位置，最初如圖片所示，側身站立，稍微落腰，放鬆手的力量，保持這個姿態。這時，指尖（中指或無名指）的位置與振掌圖最下方的位置要一致。找出位置後，再將圖固定在牆上。

照片因為角度的關係，稍微有點偏斜，實際上，圖必須和身體完全一致。

②貼好圖後，雙腳按照基本功的要領張開站好，手下垂時，手指與圖的最下方要對合。

③運用手腕的扭力，讓手沿著圖形往上揮，這時指尖要沿著振掌圖的外側軌跡移動。

④指尖到達圖的圓圈上端之後，運用手腕的扭力讓指尖再回到原先的右下端。這時，指尖要沿著振掌圖內側的軌跡移動。

⑤呼吸要意識到由口吐氣，當手朝下動作（從上端到右下端）時，「嗨」地吐氣，進行三十～六十次。

手形要與圖對合是重點所在，但是太過注意這一點，又可能注入太多力量。一定要放鬆手臂的力量，以手腕為軸，依槓桿原理來揮動。遵守這個原則，沿著圖的軌跡反覆進行好幾次。

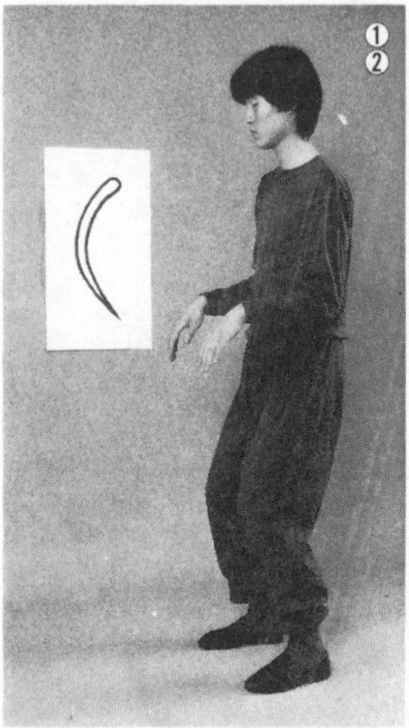

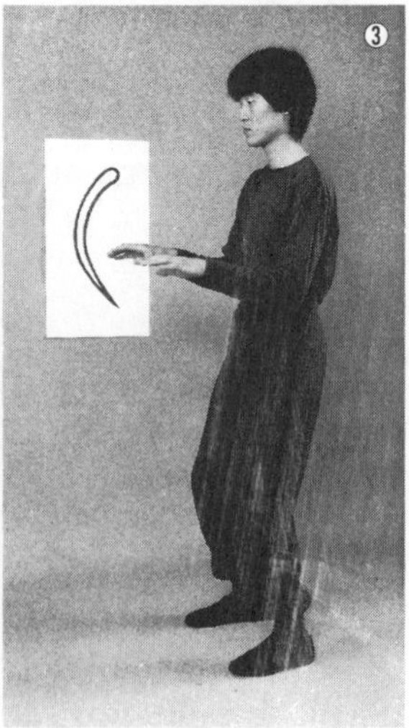

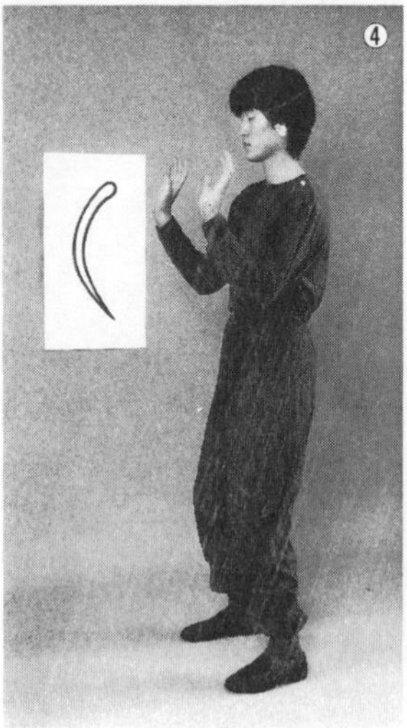

推掌

推掌第一式　兩張符咒圖出現氣超空間

推掌圖在中國符咒中也經常出現，像左圖的符咒圖正中央就是了。從「勅」字到下方的部分，與接下來要介紹的推掌軌跡一致。

製作這個動作圖時，通常需要兩張較大的紙，一張放在腳底用，另一張則貼牆壁用。與一〇四頁的圖片組合之後，所形成的道具相當有立體感。

道具豎立之後，出現有趣現象的機率頗高。首先說明道具的製作方法。

❖推掌壁用正式圖的畫法（材料＝長八五〇公厘×寬七〇〇公厘以上的紙、墨、墨汁）**二一七頁**

①在紙中央取直的中心線，用鉛筆輕畫一條線。到了五二〇公厘處，要畫下面的圖就方便了。所有的字和圖都收在這個範圍內。

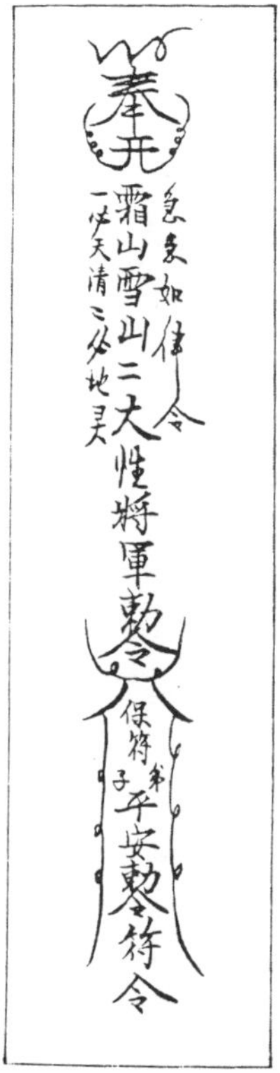

↑在符咒圖正中央的「勅令」文字，以及在其下方彈跳的部分與推掌圖一致。

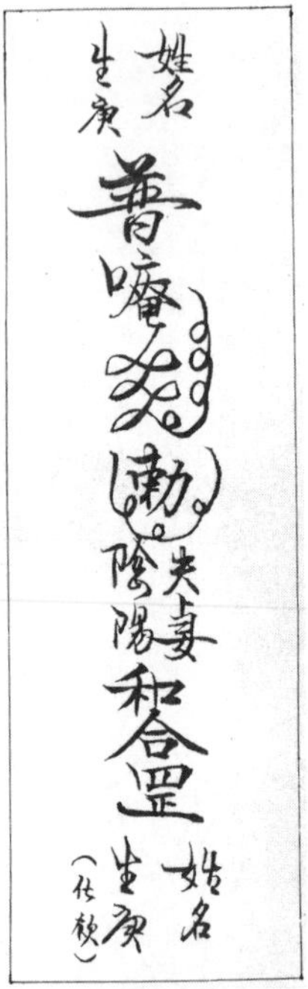

↑同樣在符的正中央的「勅」字與其下方彈跳的部分。圖的圓圈部分與腳的扭轉一致。這也可以當成推掌圖使用。自古以來靈符和符咒氣功法完全一致，的確令人感到驚訝。

②中心線（直線五二〇公厘）的下端，在高（縱）三〇〇公厘、左右七十公厘處成為符咒圖的軌跡，在此做記號。

③取橫向（左右）五十公厘，往下三〇〇公厘（縱五二〇公厘的最下端）之處做上記號，然後如圖所示，描繪往下的曲線。

④然後朝向側面一八〇公厘、高三二五公厘處為止，畫一道緩和的曲線。

⑤最後從這位置朝向內側在橫五十公厘、上方一二〇公厘的點為止，稍微畫一下上升的曲線。

⑥這就是圖案部分的草圖，再寫上「勅」字。大小不限，但做成長二〇〇公厘、寬二〇〇公厘的正方形時，最好圖案都能容納其中，因此要取得適當的比例。橫的二〇〇公厘，只要

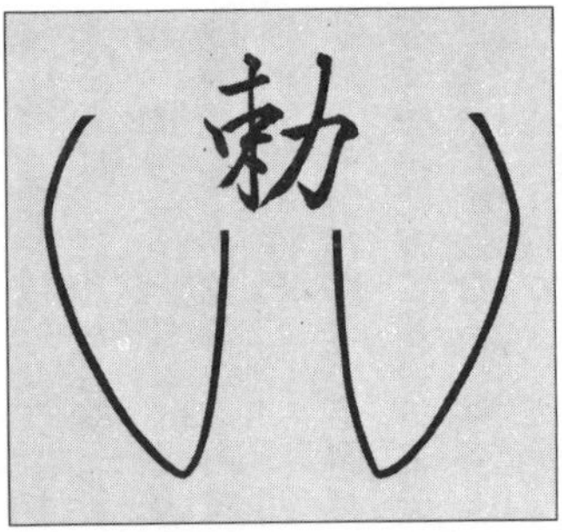

<推掌的壁用正式圖>

從中心線開始，朝左右個延伸一〇〇公厘即可。

⑦完成草圖後，按照符咒的上墨要領上墨。

❖推掌壁用簡圖的畫法（材料＝長七〇〇公厘×寬五〇〇公厘以上的紙、墨、墨汁）**二一八頁**

推掌簡圖只是省略了正式圖中的「勅」字，亦即畫出①～⑤的部分。此外這個符咒圖並沒有黏貼膠帶的簡圖，因此務必學會這種曲線圖。

❖推掌腳底用正式圖的畫法（材料＝長八〇〇公厘×寬七〇〇公厘以上的紙、墨、墨汁）

①首先在縱向畫一條淡淡的中心線，長約四五〇公厘，便可容納所有圖案。

②由中心線的最上端開始，在其左右七十公厘遠的地方畫記號。

③從這裡開始，往兩旁五十公厘再往下四五〇公厘處，畫出朝下的曲線。到二〇〇公厘處為止都是直線，再往下時就畫出五十公厘寬的曲線。

④接著到了左右一八〇公厘再往上一五〇公厘處時，點上兩點，然後再畫往上的曲線到達這個點的部分。

⑤從這個點開始，朝向內側在左右五〇〇公厘、高一〇〇公

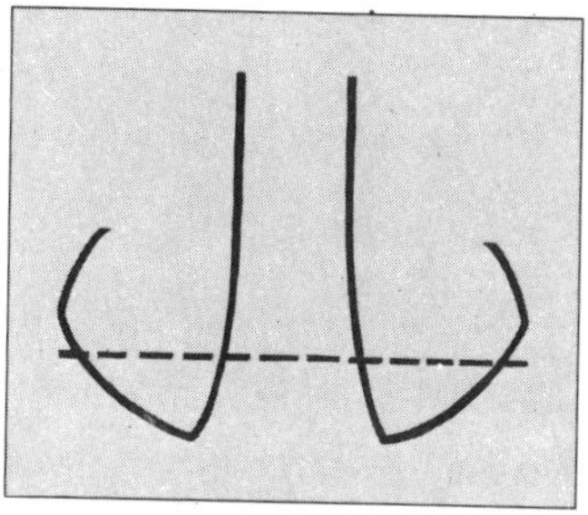

<推掌的腳底用正式圖>

厘處再點上一點，再畫一段小曲線到達這個點。

⑥最後由中心線最下端開始，往上一○○公厘處做個記號，然後用虛線拉出橫線來。這條虛線成為腳尖的位置，是重要的對合線。

⑦草圖完成後，按照符咒的上墨要領上墨。

■推掌的訓練法

推掌動作的訓練，藉著兩張符咒圖而組成進行。首先來談紙的擺放方法。

①紙的擺放方法

①先將腳底用的紙放在地上，測量出與牆壁的距離。伸直手臂時，手掌距離牆壁十～二十公厘處擺放著紙。然後按照上圖所示，腳尖對著虛線，進行調整。

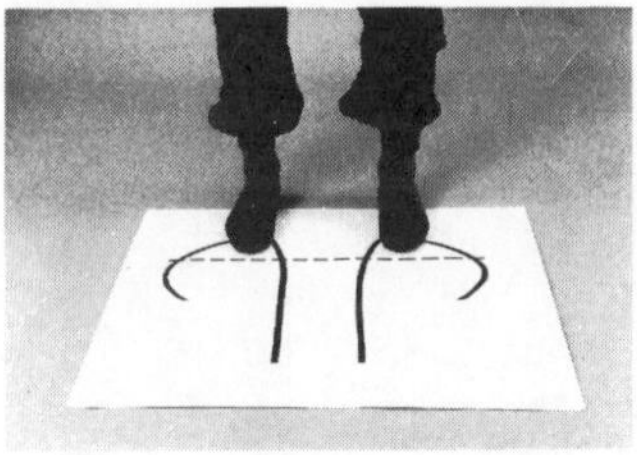

↑腳底用的圖（上）與壁用圖（中）的擱置位置。

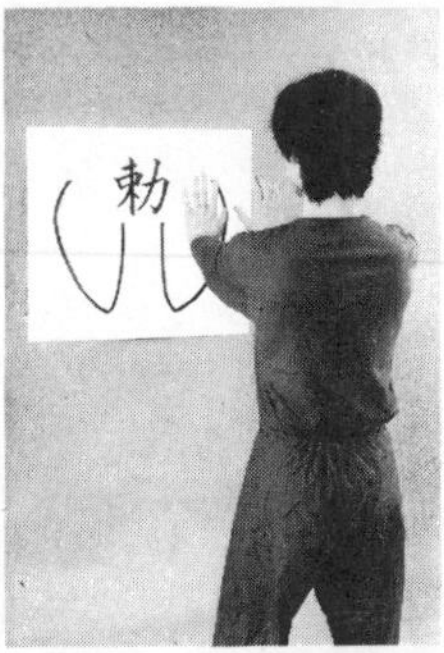

↓2張圖以這樣的方式配置。

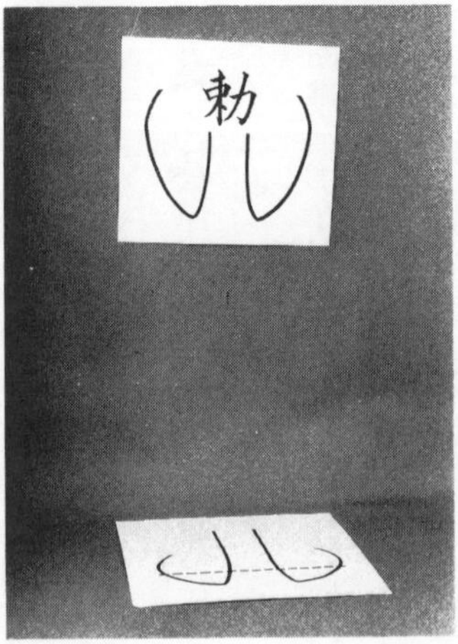

②接著貼壁用圖。筆直站立，伸直手臂，伸直時雙臂的寬度與肩寬一致。雙手面對圖站立，手掌的中心與線的內側最上端一致（參照左圖中）。

放好兩張紙的位置後，開始進入訓練。

②訓練的方法

①腳尖與腳底用圖的虛線對合。

②接著伸直手臂，雙掌豎直，由鼻子吸氣，手拉到前方。也就是說，壁用、腳底用的圖準備好以後，左手、右手移動到圖軌跡的最外側。

在拉的時候，手臂扭轉，手掌翻過來，最後手形如圖所示，是對著身體的。

③維持這個姿態，用口吐氣，扭轉手臂，手掌翻轉，朝前伸直。以圖的軌跡而言，感覺由外側朝內側扭轉手臂前進似的。

①
②

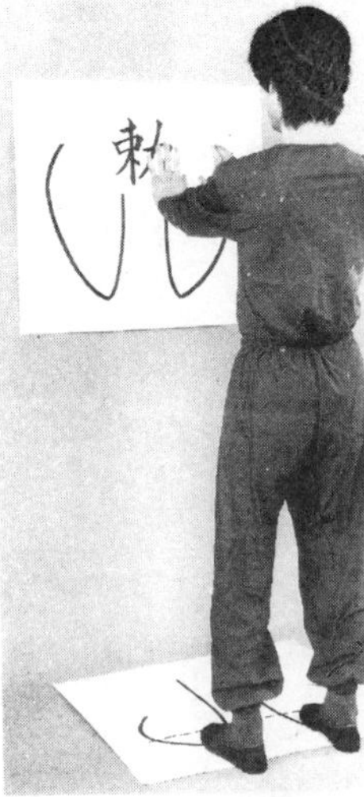

②

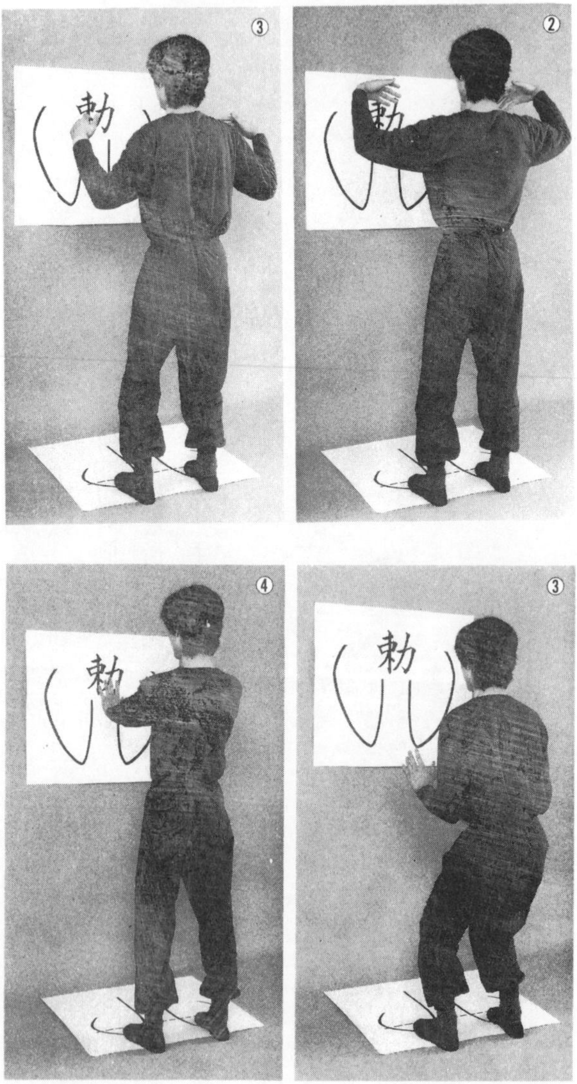

④在完全伸直之前，強烈而短暫地吐氣，好像用手掌將空氣往前推那樣。

③姿勢的分析

關於姿勢方面，手臂拉向前方的狀態，姿勢要保持筆直。而手臂往前進時，腰的高度要不斷下降，雙手手掌在軌跡最前方（壁用、腳底用）時，腰的位置最低。

然後左手沿著內側的軌跡前進時，身體打直（腰挺直），最後在呼吸的時候，腰和膝都打直，保持直立狀態。這時，手與內側最上端的位置一致。

呼吸法界於短式和長式之間，手在眼前，即朝向身體時用鼻子吸氣，相反的朝前進時，則由口中吐氣，最後一次要用力吐氣。交互進行這種呼吸法，次數最少三十次。

撐掌　撐掌第一式　利用左右空間練氣力量的技巧

撐掌的動作與推掌類似。推掌是手往前面移動，撐掌則是手往側面移動。訓練的秘訣大同小異。撐掌的正式圖巨大而複雜，除了有興趣的人，最好使用簡圖。

❖撐掌正式圖的畫法（材料＝長一八〇〇公厘×寬一四〇〇公厘以上的紙、墨、墨汁）**二一九頁**

①上方字的部分必須放進長六〇〇公厘×寬四二〇公厘的範圍中。

②下方牌坊狀圖案的尺寸，上方橫線為四八〇公厘，下方橫線為一四六〇公厘，左右直線高度為七三〇公厘，只有在左側縱線最下端的部分往左撇。這個長度距離下方一〇〇公厘。兩條縱線的距離為二〇〇〇公厘。

<撐掌的正式圖>

❖**撐掌簡圖的畫法**（材料＝長一八〇〇公厘×寬六〇〇公厘的紙、墨、墨汁）**二一九頁**

雖說是簡圖，但尺寸一定要這麼大才具有強大的力量。絕不要因它是簡圖而等閒視之，因為它比無用的符咒正式圖更能發揮力量。

簡圖有兩種，一種是使用墨畫成，比較複雜，一種是使用膠帶，構圖單純。效果方面，當然是使用墨較高，但是有些人要求簡便，因此，兩種方法都為各位介紹。首先介紹使用墨的方法。

①從紙的中心朝左右二〇〇公厘處點個點，再從這一點朝左右畫出七三〇公厘長的實線。

②以這點為準，在往上一八〇公厘為頂點，左右一八〇公厘，用實線畫出拋物線。畫好之後在下方二〇〇公厘處當成頂點的位置，畫出虛線拋物線。

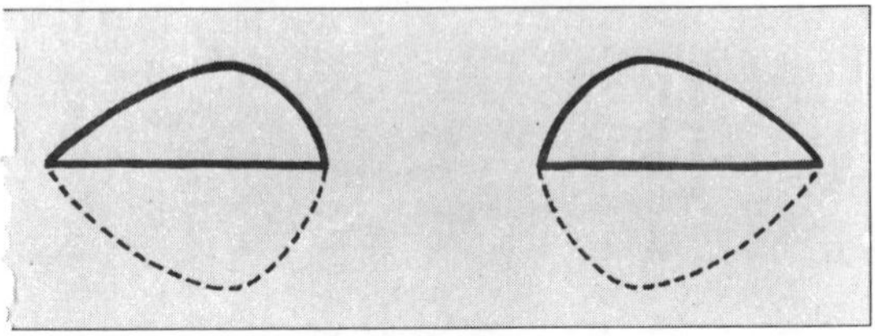

<撐掌的簡圖>

③草圖完成後，按照符咒的上墨要領上墨。

❖**撐掌膠帶簡圖的作法**（材料＝黑色黏貼膠帶、15～20公厘的紅色或淺藍色圓形膠帶）

①如圖所示，筆直站立，雙手伸向兩側，這時在兩手掌底部和牆壁同樣高度，貼上兩個紅色圓形膠帶。相距大約一四六〇公厘左右（因人而異，多少有點不同）。

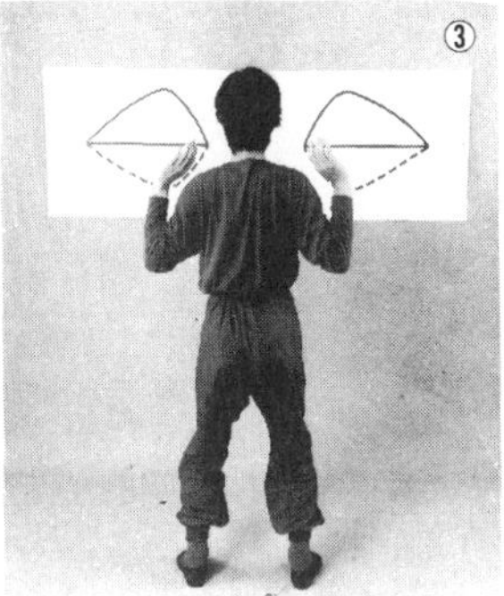

↑撐掌膠帶簡圖的對合方法

②從這兩個紅色圓形膠帶朝內側算來七一〇公厘處，再貼上紅色圓形膠帶。

③外側與內側的紅色圓形膠帶用黑色黏貼膠帶相連，同時要留有數公厘間隔。

■撐掌的訓練法（使用簡單）

①面對圖四〇〇公厘遠筆直站立，雙臂在手掌打直的狀態下伸向正側面，這時，伸直的手臂與實線的位置一致處是圖的高度。

②雙腳按照基本功的要領張開，落腰。

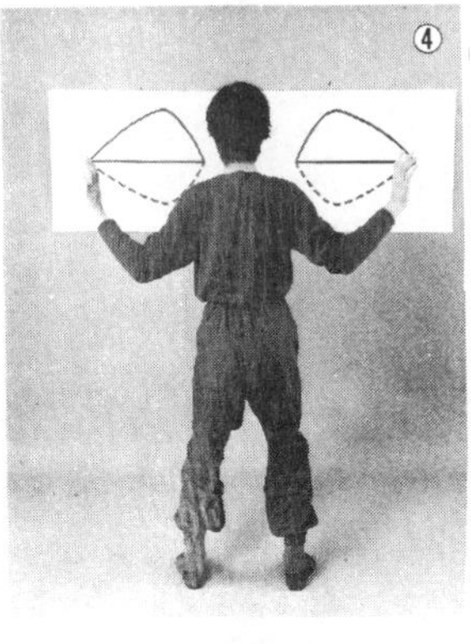

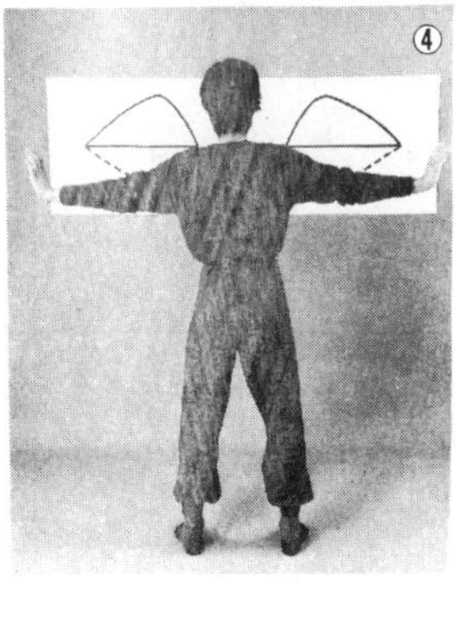

③手掌豎立，收縮手臂，使手掌中心和圖的實線最內側部分對合。如果是使用膠帶簡圖，則與內側的紅色圓形膠帶對合。這時，手臂朝向肩膀。

④一邊吐氣，同時雙臂伸向側面。這時，上身往上提，腳打直。當手來到實線最外側部分（膠帶簡圖中外側的紅色圓形膠帶），吐氣，用手掌強力而短暫地推空氣。

⑤然後手還原。在手還原到達中間位置時，手指（中指）與圖的拋物線頂點大致一致。而在手還原時，好像手掌對合似地收縮。

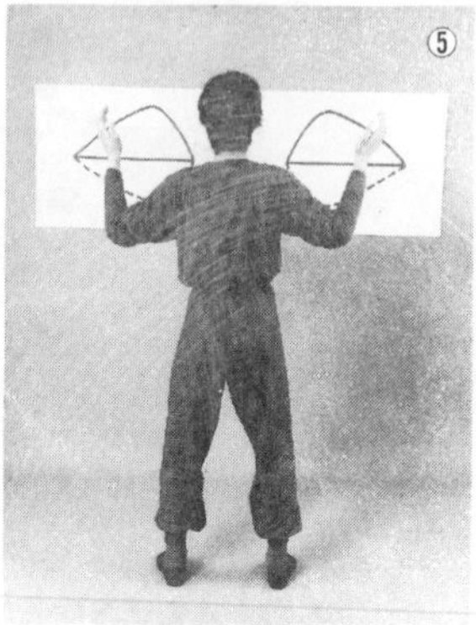

⑥最後回到原先的姿勢。反覆進行幾次同樣的動作。在⑤、⑥的過程中輕輕吸氣。吸氣、吐氣算一次，進行三十次。

壓降一上托

壓降第一式　利用椅子或金屬膠帶的符咒氣功法

先前介紹的都是畫圖的方法，而接下來要介紹的是真正的道具。構圖是立體的，與平面的繪圖相比，當然具有更大的威力。

然而製作起來有點麻煩，不過並不是十分困難，所以各位不用太擔心。在此要介紹的是壓降、上托所用的道具，首先介紹壓降的作法。

◈壓降正式圖的畫法（材料＝長六〇〇公厘×寬一六〇〇公厘以上的紙、墨、墨汁）二二〇**頁**

在中國符咒圖中經常出現，七六頁出現的靈符中，左側在月亮下方的圖案是表示實際的星座，放大至等身大，就可以當成壓降的訓練圖來使用。

①輕輕畫出長四五〇公厘、寬一四〇〇公厘的四角形，但下方的橫線不必畫出來。

②在四個角輕輕畫個直徑十五～二十公厘的圓圈。

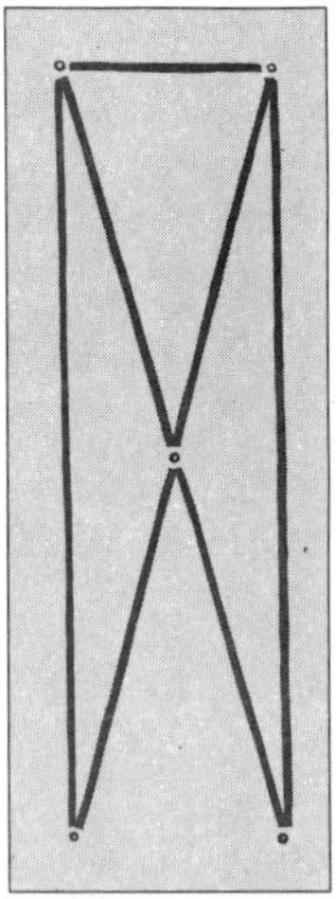

<壓降的正式圖>

③從左上到右下，從右上到左下，輕輕畫出斜線。

④在斜線交叉處畫個直徑十五～二十公厘的圓。

⑤草圖完成後，按照符咒的上墨要領上墨。如果無法一氣呵成地畫完直線，可以喘口氣，重複符咒的作法上墨。

❖壓降膠帶簡圖的作法（材料＝黑色黏貼膠帶、十五～二十公厘的紅色或淺藍色圓形膠帶）

①面對牆壁，筆直站立，在肩膀高度貼紅色圓形膠帶。這兩個紅色圓形膠帶的寬度差不多在四〇〇公厘，但因人而有些微差距。

②在其下方接近地板的壁面再分別貼上紅色圓形膠帶。

③這四個紅色圓形膠帶相連斜線的交叉點，再貼上第五個紅色圓形膠帶。以尺寸而言，不管從哪個紅色圓形膠帶來測量、都是在直向七〇〇公厘、橫向二〇〇公厘處。

④五個紅色圓形膠帶之間用黑色黏貼膠帶相連，但是最下方的那道橫線不必做出來。

這幅符咒圖即可進行壓降訓練，但是如果要加強訓練效果，還要配合以下的道具。

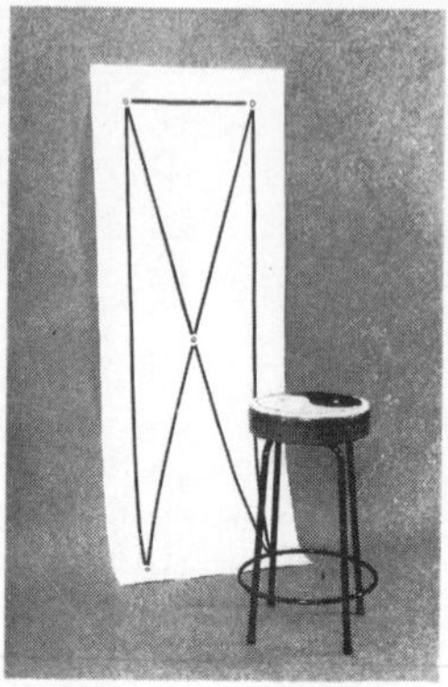

<壓降所使用的道具>

❖壓降道具的作法（材料＝高六七〇公厘、座部直徑三〇〇公厘的椅子，布或是素面塑膠布，墨或油性油漆）

二二〇頁

①利用布或塑膠布做出直徑二七〇～三〇〇公厘的太極圖形，先畫草圖，再按照符咒的要領上墨，然後以剪刀把它剪下來。

如果是用布，就用墨來畫；如果是塑膠布，則用油性油漆來畫。

②使用雙面膠或接著劑，把太極圖直接貼在椅子上，道具就告完成。

■壓降的訓練法（只使用圖）

①先決定貼圖的位置。面對圖四〇〇公厘遠站立，肩膀高度與圖上端的圓圈位置一致。

②貼圖之後，腳採基本功形站立。

③落腰，雙手的位置與中心的圓圈對合。

④一邊吸氣，雙臂往上抬到肩寬的高度，也就是最上端的兩個圓圈的位置。

⑤一邊吐氣，腰漸漸下降，手放下來。

⑥最後在中心的圓圈稍前方，由口中用力吐氣，然後用力推空氣往下降。吐完氣之後，雙手停在中心的圓圈位置。反覆進行幾次。

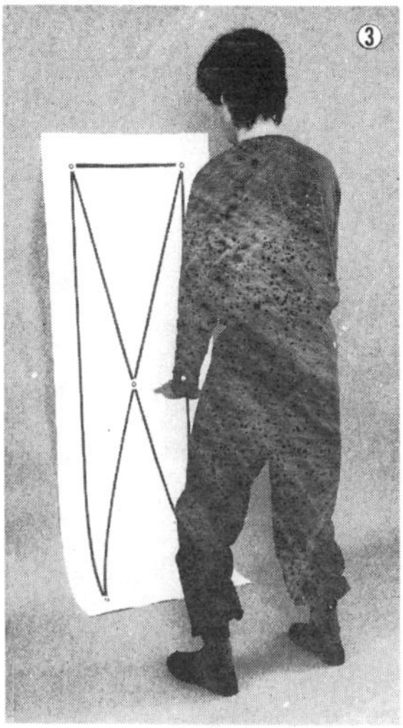

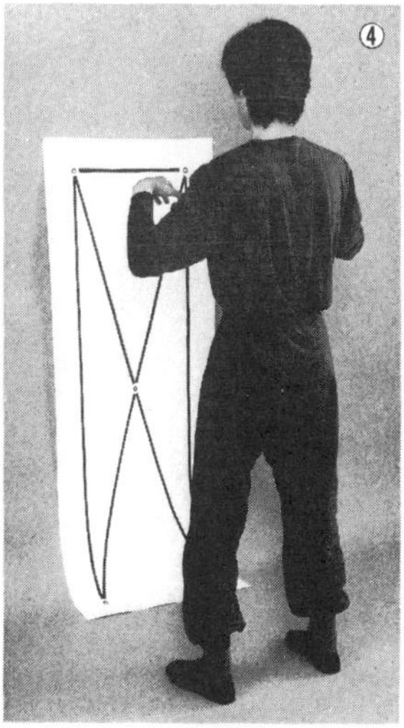

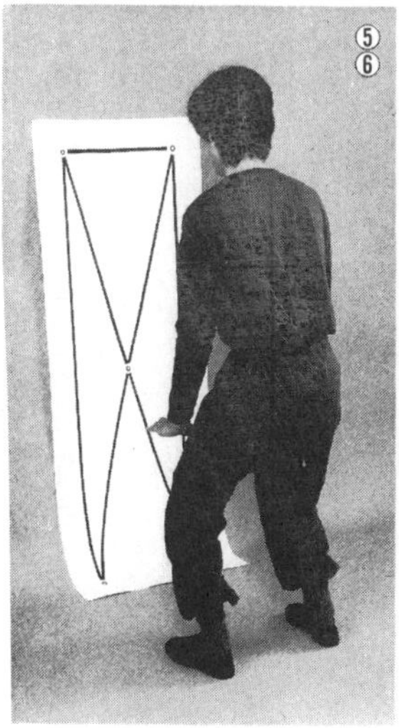

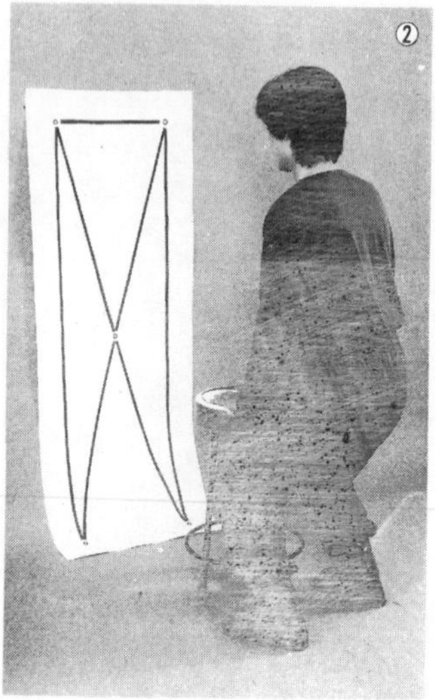

■壓降的訓練法（使用椅子配合）

①椅子放在離正式圖或膠帶簡圖四十～五十公厘遠的地方。

②落腰，雙手貼在椅子的太極圖上。這時，感覺好像用雙腿夾住椅子似的。

③抬起上身（上身打直），手往上抬到最上端的圓圈處，這時由鼻子吸氣。

④手上抬之後，由口中吐氣，雙手下降，到了距離椅面（太極圖）二十～三十公厘時，猛地用力往下敲擊椅子。這時，強力吐氣。重複幾次整個訓練過程。

❖上托正式圖的畫法（材料＝長四〇〇〇公厘×寬二〇〇〇公厘以上的紙一張或兩張、墨、墨汁、銅或鐵的金屬線、金屬膠帶）**二二〇頁**

這是到目前為止尺寸最大的圖，等於從天花板到地面，同時好像包圍自己兩側似地黏貼膠帶，或者繞上金屬線。但是除了尺寸大，製作上其實十分簡單，四面只要貼上金屬線或金屬膠帶就夠了。當然，因為尺寸大，效果相當可觀。畫法如下：

①在最下端畫個直徑十五～二十公厘的圓圈，從這往上的一九〇〇公厘處也畫個圓圈，之間用直線連接。

②按照符咒氣功法上墨的要領上墨。必要時得畫兩張。光有這張圖無法進行上托訓練，必須把它貼在牆上，好像連接圖似地，用金屬膠帶或金屬線做框。

③除了圖以外，要在天花板黏貼一條銅線或鐵線，或是貼上金屬膠帶。金屬線的高度要

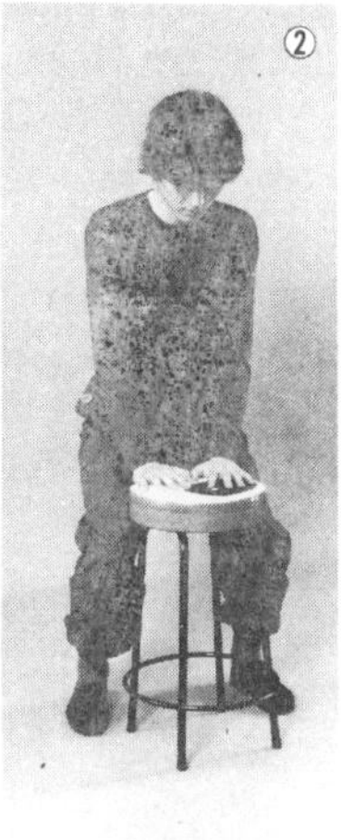

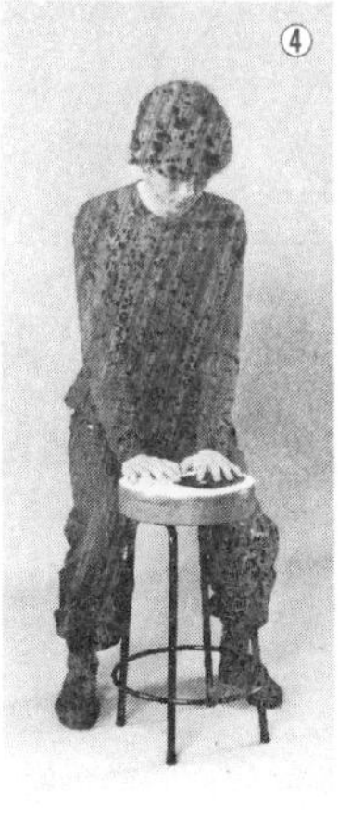

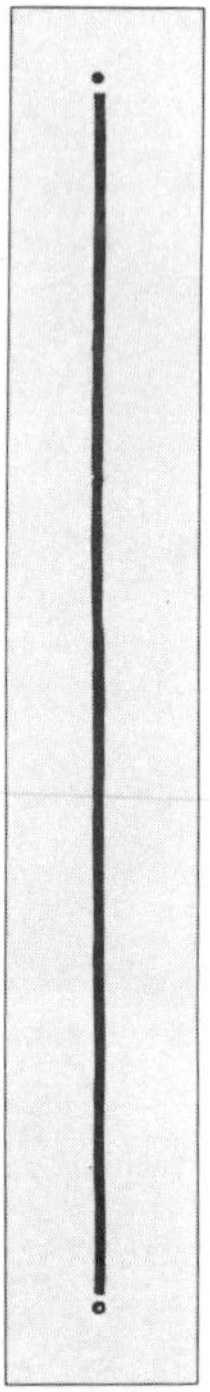

＜上托的正式圖＞

比雙手上舉還多出一〇〇公厘。大約是一九〇〇～二〇〇〇公厘的高度，但數值因人而異，有很大的差距，須要自行測量。

④用金屬膠帶在地面貼一條平行天花板上的線條的線。同時要與貼在牆上的圖最下端對合。這時金屬線就在圖線上端圓圈附近，而下端的圓圈附近則有膠帶。光是這樣還不夠，因此在側面還要垂掛一張符咒圖或貼上金屬膠帶。

⑤圖和膠帶或是線之間，用金屬膠帶相連。用金屬線或電線相連也可以，這時較容易發生磁場。關於訓練方面，所用材料最好統一材質，比較有好的效果。

❖**上托膠帶簡圖的作法**（材料＝金屬膠帶、金屬線）

①首先，在地板上黏貼金屬膠帶。越長越好，比手臂朝側面伸直的寬度還要再寬二〇〇～三〇〇公厘較好。

上托的訓練空間

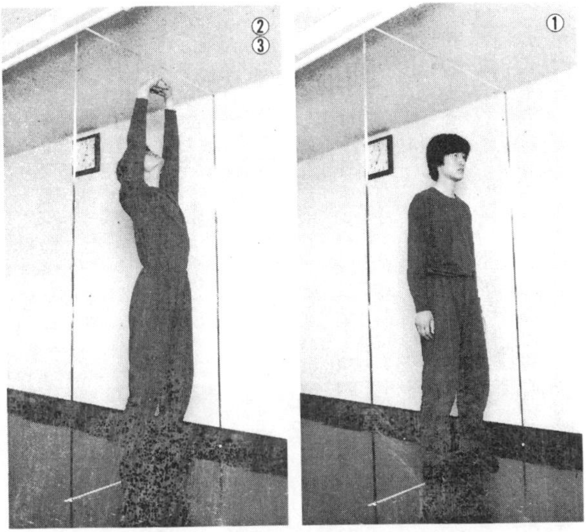

②天花板太高時，為了與地板的金屬膠帶平行，要黏貼金屬線；如果天花板較低，可以直接利用金屬膠帶。

③為了連接天花板和地面的線或膠帶，要將金屬膠帶或金屬線垂掛於兩側，或是貼於兩邊。必須形成整體相連的狀態。次頁的圖是使用金屬膠帶做成的符咒圖，完成之後便可以進行訓練。

■上托的訓練法（使用膠帶簡圖）

①如圖所示，站在膠帶中間，雙腳採基本功法張開。這時，頭頂與天花板的線，雙腳的中心部與貼在地面的膠帶一致。

②保持這個狀態，雙手上抬到最高點。這時，利用右眼或左眼去看貼在兩側的膠帶（或線），確認自己的姿勢是否與線一致。

③如圖所示，伸直的雙手交疊。交疊的手

與天花板的線一致。臉上仰，眼光和天花板的線一致。

④進行短式呼吸，交疊的手抬起、放下。抬起時，交疊的手用力往上推，放下時則可輕鬆地進行。這個上上下下的動作要在短距離內進行，大約在四十～五十公厘的範圍內移動較好。抬手時吸氣，放下時吐氣，吸吐共計一次，要做三十～六十次。

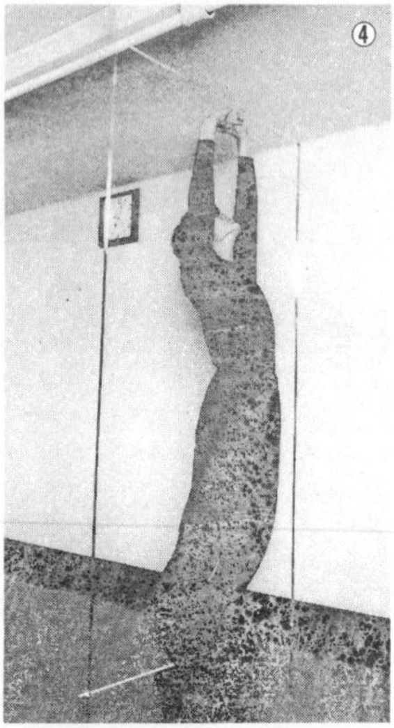

⑤習慣這種訓練之後，挺直背肌，如圖所示腳跟稍微上抬，配合短式呼吸，腳上抬、放下。反覆進行時就會發生神奇的現象，這在第一章中已經敍述過了。沒有提到的是這項裝置具有奇怪的效果，實際製作以後，在近處觀望就會了解到被膠帶包圍的範圍形成與周圍完全不同的另一個空間，就好像房間裡擺放著玻璃門或鏡子一樣。越是凝視它越會有這種感覺，反而教人感到不安，彷彿那是另一個空間的出入口一樣。事實上，被膠帶包圍的這個領域由正面或側面來看的話，有時甚至會發現相當於對面的部分會消失。被膠帶包圍的外側的景色看得到，但內側部分——即房間的景色反而看不到了。這是因為這項裝置是利用符咒、遁甲（方位咒術）做成的。遁甲這個異次元空間，有時因其裝置的不同會開口。

總之，在這項裝置中會經歷奇妙的體驗，那是無庸置疑的事實。

到目前為止，已經介紹過符咒氣功初步的畫圖方法和訓練法，在第四章之後，將有更高階段的符咒圖及訓練，希望各位能接受挑戰，邁入符咒氣功法的高深世界。

第四章 神奇現象會立刻出現的太極圖符咒訓練

開合 開合第二式 利用氣的超常能量浮上來的符咒圖

從第四章開始要進入真正符咒氣功圖的作法（大都是畫出來的），比前面複雜得多，製作上比較辛苦，但效果很高。

看到圖浮上來的體驗其實大都發生在接下來要介紹的符咒圖，使用這些圖做訓練時，經常會出現各種超常現象。

首先要介紹的是比較容易的「開合」動作符咒圖。

開合的正式圖是由太極圖構成的。是幾個橢圓重疊的圖。上方的橢圓較單純，實線橢圓只有一個，與此相比，下方的橢圓是由三個虛線橢圓構成的。

訓練時所使用的是實線和虛線重疊的部分，虛線的大小各有不同，因此需要指示在何處進行開合動作。

實線與最外側的虛線重合處，是雙手張開最寬的場所，而與最內側的虛線重合處，是雙手最狹窄處。至於實線和中間的虛線橢圓重疊處，是初學者在雙手攤開狀態下能夠感受到氣的場所……但是因人而異，具有很大的差距。當然，在這個範圍之外感受到氣亦無不可。

簡圖比起正式圖真是非常簡單，只要畫出需要訓練的部分就可以了，但是圖浮上來的效果也比較弱。期待圖浮上來效果的人最好用正式圖，如果只想要得到開合訓練的效果，那用簡圖便夠了。

❖**開合正式圖的畫法**（材料＝一五〇〇公厘×寬一二〇〇公厘的紙、墨、墨汁）二二一頁

①在圖的中心附近縱向點出四點，點與點之間的距離各自為275公厘，共計有825公厘的長度。

②先畫實線橢圓。橢圓尺寸的計算方法其實非常簡單，從上方算下來，以第二個點為中心，上下各為二七五公厘，左右為五五〇公厘處畫點，然後將四點連接起來成為橢圓。

不習慣的人畫不出美麗的橢圓形，可以先畫縱五五〇公厘（從中心算起各為二七五公厘）、橫一一〇〇公厘（從中心算起各為五五〇公厘）的大四方形，再於其中畫出橢圓，就會比較容易。

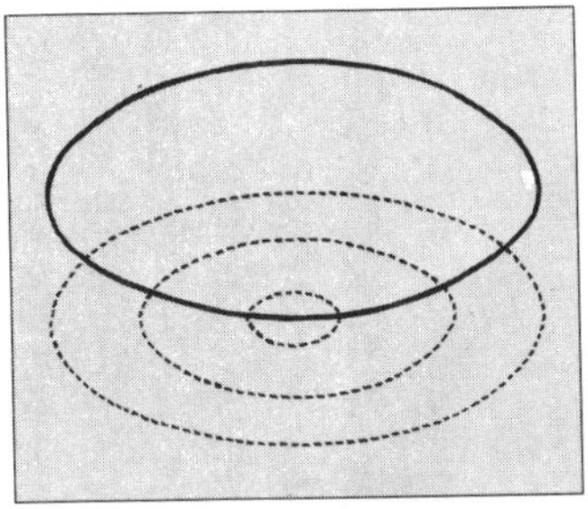

<開合的正式圖>

③實線橢圓的草圖畫好之後，再畫其下方的三個虛線橢圓，先從最外側的開始，以縱的第三點為中心點，上下方向各為二七五公厘、左右方向各為五五〇公厘的尺寸點上點，將四點相連畫出橢圓。

④中間的虛線橢圓，中心點與最大的虛線橢圓相同，但上下方向各為一七〇公厘、左右方向各為三五〇公厘處點上點，用虛線畫出連接四點的橢圓。

⑤最後畫出最小的虛線橢圓。中心點一樣是最大虛線橢圓的中心點，上下方向各為六十公厘、左右方向各為一○○公厘處點上點，以虛線連接點畫出橢圓。

⑥草圖完成後，按照符咒的上墨要領上墨。不過橢圓如此巨大，要上墨著實有困難，在各點處可以喘口氣，每次都要重複符咒的作法上墨。

❖**開合的簡圖畫法**（材料＝橫一三○○公厘×縱三○○公厘以上的紙、墨、墨汁）**一二一頁**

因為都是由曲線構成的，所以很難利用膠帶。和正式圖同樣的，為各位介紹使用紙和墨的方法。

①在紙上用鉛筆輕輕的畫出橫一一○○公厘、縱二七五公厘的長方形。

②在下方的橫線五五○公厘處輕輕地畫上縱線，以此為中心線。

③由此尺寸圖所示，以左上端為起點，朝中心線的最下方下降，然後再朝右上端往上畫圓弧形。

④在距離中心線左右一○○公厘與三二○公厘處，也就是在畫出圓弧形時，加入縱十五公厘的短縱線。

⑤如此完成草圖後，再按照符咒上墨的要領上墨。

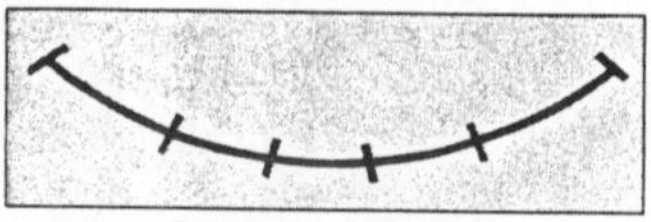

＜開合的簡圖＞

■開合訓練法

①首先決定圖的高度，張開雙手，好像重疊在虛線最大橢圓與實線橢圓的

交叉點（以簡圖而言就是圓弧的兩端）似的。手掌在正中央的交點（圓弧的兩端）處，以此為基準貼紙。

②圖貼於壁上以後，站在距離圖約四〇〇～五〇〇公厘處，按照基本功的方式張開雙腳。

③接著將雙手手掌貼合，並用力摩擦，不僅是摩擦且一定要到摩擦生熱，若要確認是否生熱，可以用手掌摸自己的臉頰，如果感覺好像被熨斗燙到似的那麽熱就ＯＫ了。然後便可進入接下來的訓練。當然這個動作不光僅是溫暖就夠了，一定要感覺發燙似的重複摩擦好幾遍。這個動作在練氣功的術語上稱之為擦掌。

④手掌發熱之後，將雙手手掌距離二十～三十公厘並體驗有何種感覺。一般而言，大都會有以下的感覺。

③

●手像被吸住的感覺。
●手相互排斥的感覺。
●雙手之間像有風吹過的感覺。
●手掌有刺痛的感覺。

若有以上這些感覺就ＯＫ了。不過至少要感覺到非常的熱。

⑤如先前所述的，掌握一些感覺之後，將

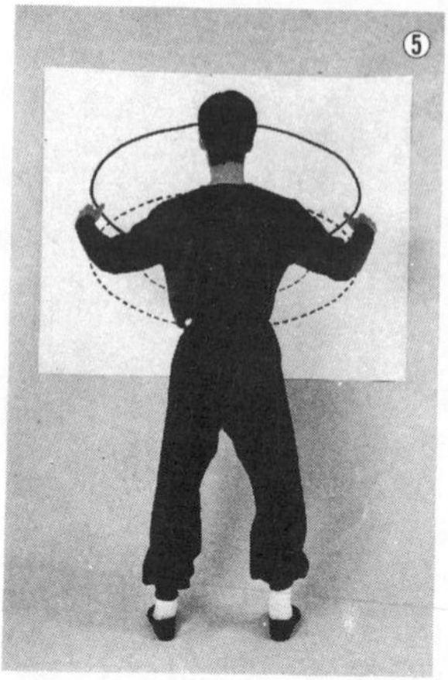

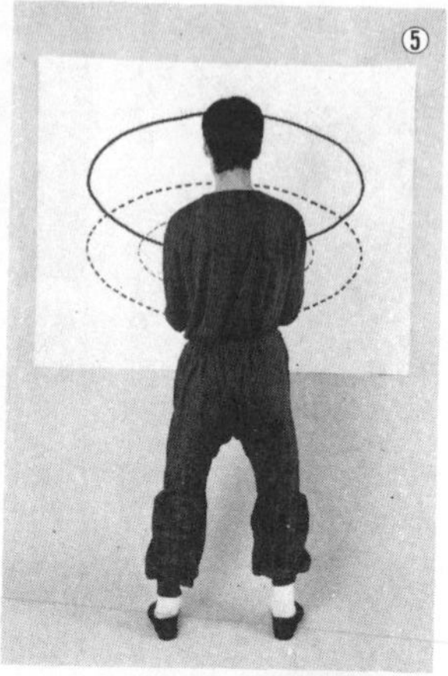

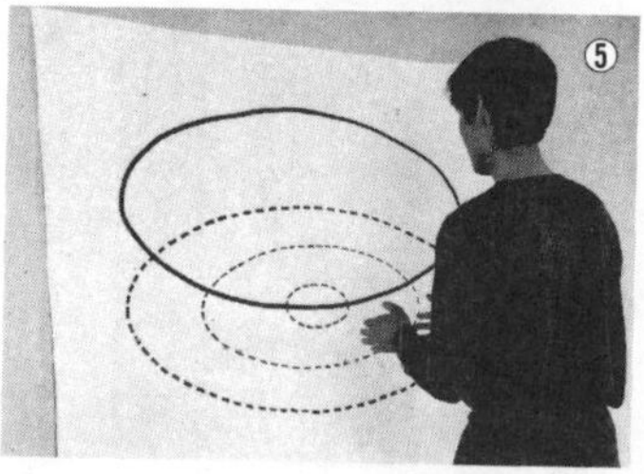

→從側面看上圖的動作。在最內側的虛線橢圓之兩緣將左右的手對合，然後雙手沿著實線打開。

左右手在最內側虛線橢圓的兩緣對合，再沿著實線的軌跡慢慢的移動到最外側之虛線橢圓與實線橢圓的交點。

⑥到達這個位置時，雙手再回到最小虛線橢圓的交點，如此重複進行好幾次。

開始時，感覺到的氣會非常微弱，因此當雙手攤開到最外側的交點時，手的感覺會消失。

這些人首先要將雙手攤開到與中間虛線的橢圓交點為止，若到了這個位置，氣的感覺消失的人表示擦掌還不夠，必須要再一次摩擦手掌生熱才行。那怕只是再多一點點氣的感覺，也就可以逐漸拉長張開的距離，如此一直加強到即使是攤開到最外側的虛線橢圓為止都能夠感覺到氣。

⑦這項訓練可以不管呼吸（想注意呼吸的人，朝向外側時用鼻子吸氣，朝向內側時由口中吐氣），最重要的就是攤開雙手時感覺的氣絕對不能消失。

進行普通氣功法時，這種感覺會非常微弱，但是畫符咒橢圓進行氣功法時，則感覺能夠持續，理由當然是因為圖能夠供給這項力量。

旋腕 旋掌 旋腕第二式 雙重橢圓發出的白色霧狀氣

接下來為各位介紹的旋腕圖，與開合圖同樣的容易產生奇妙的現象，立刻就會感覺圖浮上來了。

凝視先前的開合以及在這所列舉的旋腕訓練圖片，各位就可以瞭解到了，透過圖片上進行訓練的人，看起來圖好像浮上來似的，若是您還沒開始訓練就會有這種感覺的話，那麼在實際製作圖形自己進行訓練時，這種感覺會更為奇妙。感覺好像兩個大圓飛到跟前來似的。

為了要讓大家實際嘗試一下，首先說明旋腕圖形的作法。

❖**旋腕正式圖的畫法**（材料＝橫一三〇〇公厘×縱一三〇〇公厘以上的紙、墨、墨汁）二二二頁

正式圖是在左右雙重橢圓中各自畫太極圖的圖案，是非常複雜的形態。但是圖浮上來的

效果，光使用簡圖也能夠輕易產生，因此一定要畫這些圖。不過，想畫正式圖的人，亦可提供參考資料，尺寸請參照簡圖。

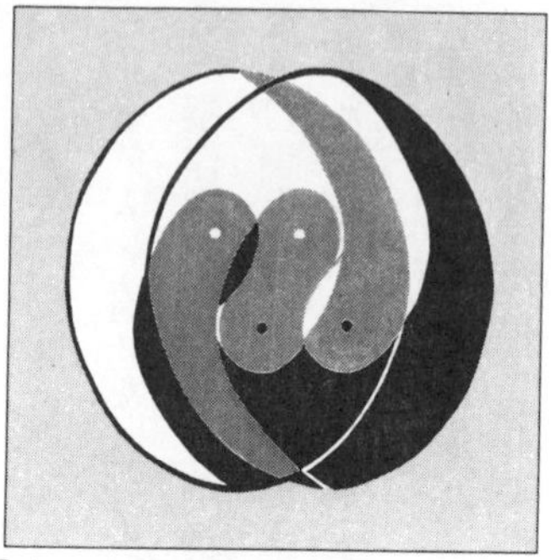

<旋腕的正式圖>

❖旋腕的簡圖畫法（材料＝橫一三〇〇公厘×縱一三〇〇公厘以上的紙、墨、墨汁）**二二二頁**

①朝側面取得七七〇公厘的空間，並在兩端點上點。

②從右端點開始，距離三一〇公厘處再點上一點。以此為中心，左右距離三一〇公厘，上下距離三四五公厘處各自打點，然後再將四點連接畫出實線橢圓。

有些人因不習慣而無法畫出美麗的橢圓，這時可以先輕輕的畫出縱六九〇公厘、橫六二〇公厘的四方形，再將橢圓畫入其中即可。四方形以中心點為基礎來測量較好（縱三四五公厘橫三一〇公厘），就能夠輕易的畫出。

③從左端點開始朝向右端三一〇公厘處點上一點，以此為中心，左右各三一〇公厘，上下各三四五公厘處點上一點。好像連結四點似的，用虛線畫橢圓。

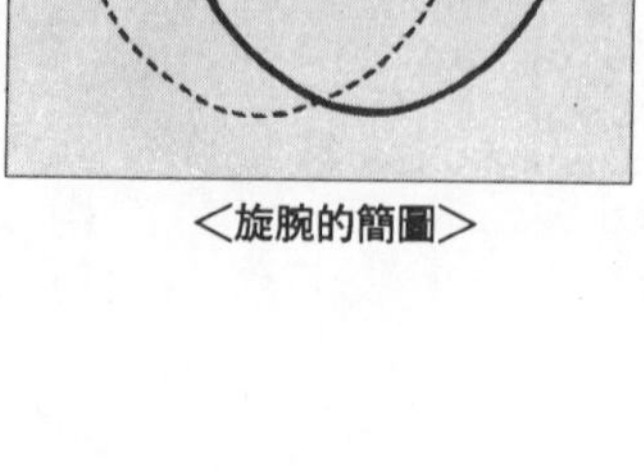

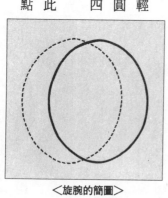

<旋腕的簡圖>

如果仍無法畫得很好的話，如先前同樣的，先畫縱六九〇公厘、橫六二〇公厘的四方形，再將橢圓畫入其中即可。

④以上草圖完成後，按照符咒上墨的要領上墨。

■旋腕的訓練法

①圖貼於牆壁上。貼法是站在圖面前稍微落腰，採取如圖片所示的姿勢。雙手的手掌置於虛線、實線兩橢圓的最低處，然後以此為基準位置將圖貼上。為了讓各位看得清楚，圖片係由斜側面拍攝，但實際上圖與人必須在正對面的位置。

②貼好圖之後，距離二〇〇公厘處，將雙手各自罩在橢圓上。

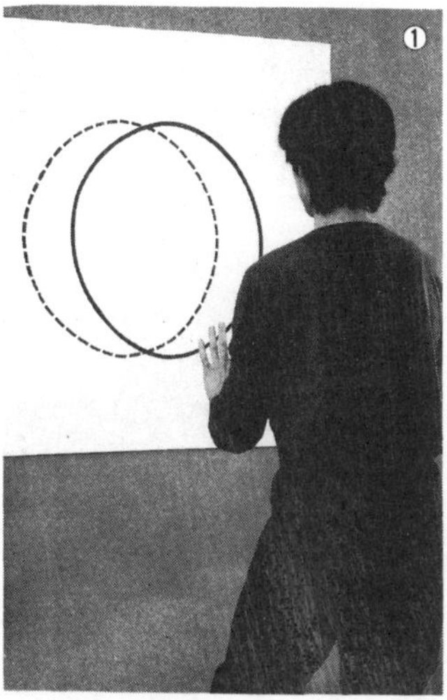

③接著雙手慢慢的從左（或右）側往上方旋轉。

④手掌到達橢圓的最上端時，然後再往下方落腰，手腕下降。

向右轉進行三十～六十次，然後再向左轉進行30～60次，進行訓練以後，就可以正確的進行旋腕動作。

但這項動作並非漫不經心的按照圖來旋腕，

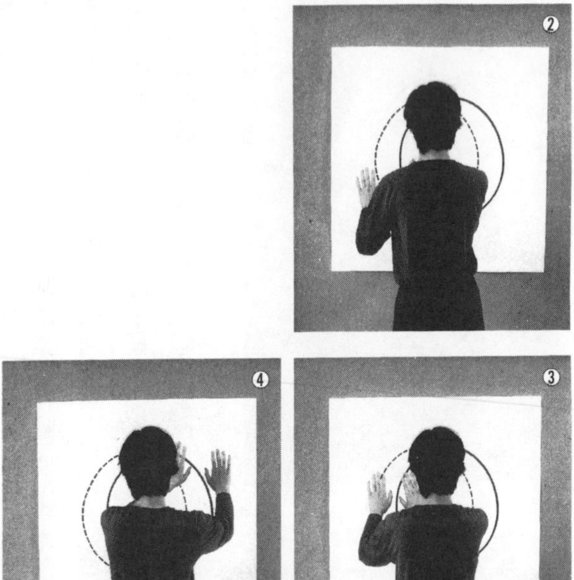

而是要讓氣的感覺沿著橢圓的軌跡移動。若是依然無法產生感覺的話，則要先進行擦掌，待有了氣的感覺之後，才開始訓練。

如此很有耐心的持續下去，在訓練時會發自體內的氣被軌跡吸收，圖和發出來的氣相輔相成，就能夠產生更強力的力量。這時就會順著這種感覺而手自動移動，就好像手被拉著似的移動。

如果無法產生這種感覺，請使用氣較強的使用過的圖形，或者利用第二章所述的會發出氣的器具，每天抵住圖的軌跡吸收氣，這樣就能迅速的產生效果。

❖旋掌正式圖的畫法（材料＝橫一〇〇〇公厘×縱二二〇〇公厘以上的紙、墨、墨汁）**二二三頁**

這項正式圖非常複雜，因為必須要在橫一〇〇〇公厘、縱二二〇〇公厘的大紙上畫上各種的文字和記號，如此相比，簡圖則比較單純，只要在正中央畫上兩個橢圓就夠了。

<旋掌的正式圖>

發出氣的力量，若是正式圖當然就沒有問題，會非常的強烈，除此以外的符咒效果也相同，所以希望得到強力效果，也可以使用簡圖。

正式圖要分為三個部分來畫，其中之一就是三個彈跳點以及「勅令」字，這一組在最上方。其次就是由兩個橢圓構成的在正中央，最後就是在「天」字的頭上方畫上一道短棒的最下方的構圖。

①最上方的三個彈跳點以及「勅令」用以下的方式來畫。先輕輕的畫出橫九一〇公厘、

縱九一〇公厘的正四方形，然後在這個範圍內畫出圖案。

②接下來的二個橢圓，納入橫五四〇公厘、縱三六〇公厘的範圍內，其正確尺寸已在簡圖部分為各位標示過了，請參照即可。

③最下方的「天」字，整體高度為八〇〇公厘，而上方的點和天的橫棒（二）之間為橫七八〇公厘、縱二四〇公厘，而拉到兩端的部分（人）為橫九一〇公厘、縱五五〇公厘。

此外①～③為止的縱為二〇七〇公厘強，應該先計算出來，再計算出上、中、下的尺寸，則較容易瞭解。

④草圖完成之後，按照符咒的上墨要領上墨。因為這個圖形非常巨大，光是喘息一次來上墨是不夠的，因此要在各圖案的段落部分重複進行符咒的作法上墨。

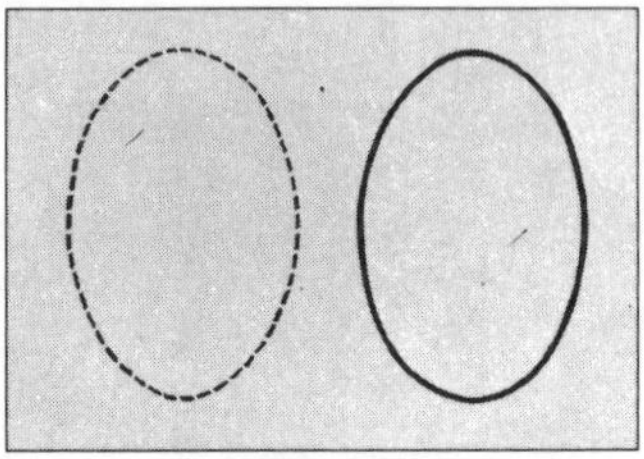

<旋掌的簡圖>

❖**旋掌簡圖的畫法**（材料＝橫八〇〇公厘×縱五五〇公厘以上的紙、墨、墨汁）**二二四頁**

簡圖是取正式圖中正中央的一段畫出來的。雖僅是圖的一部分，但是和開合、旋腕的構造相同，因此光是如此進行訓練就會有很好的效果。

①在紙的中央畫橫二四〇公厘、縱三六〇公厘的橢圓形，距離60公厘處畫兩個。左邊橢圓為虛線，右邊橢圓為實線。

為計算出正確尺寸，朝橫方向取五四〇公厘，並在其左右端開始一二〇公厘處各自點上點，以此爲中心，角由此朝左右一二〇公厘、上下一八〇公厘處點上點，然後連結各點畫出橢圓。

②橢圓畫得不好的人，首先畫橫二四〇公厘、縱三六〇公厘的四方形，然後再加入縱橫的中心線就可以畫得很好了。

③草圖畫好了之後，按照符咒上墨的要領上墨。

■旋掌訓練法

①圖貼於牆壁。貼法是稍微落腰，手掌下垂，指尖置於橢圓下端的位置（左邊為虛線橢圓、右邊為實線橢圓）。以這個位置為基準貼圖。圖片係為了要讓各位能夠看清楚而從斜面拍攝，實際上橢圓的下端與左右指尖必須完全重合。

②站在距離圖五〇〇公厘處。

③首先，若由左邊開始，則沿著左邊的橢圓軌跡旋轉雙手，來到橢圓最上端時，指尖完全朝上。

④呼吸方面，當手從橢圓的下端到上端時，鼻子吸氣，從上端到下端時，由口中「嗄」的用力吐氣。

⑤進行三十～六十次。結束以後再朝向相反的方向旋轉手。

必須注意的，就是指尖一定要正確的沿著軌跡移動。

旋氣揉胸揉腹的正式圖有兩個，一個就是塡入八卦和太極的記號，另一個就是畫字代替記號。

其中用字畫出來的，就是仙道內功所使用的陰陽合一圖。即是陰＝性光（意識的光輝）與陽＝命光（精、生命能量的光輝）合一產生此生命的意思，具體而言，就是指陽神的發生。總之，這兩種所發生的力量相同，可以按您想畫的來畫。

簡圖是從正式圖中取八卦記號和字，形成非常簡單的形態。當然，力量與正式圖相比稍差，但是按圖能浮上的效果則以簡圖較佳。至於要選擇何者，則要視您的目的是什麼？如果希望能夠增強力的話，則使用正式圖，如果要進行圖浮上來的訓練，則可以使用簡圖。

❖旋轉揉胸揉腹正式圖的畫法（材料＝橫四〇〇公厘×縱五〇〇公厘以上的紙、墨、墨汁）

二二五頁

①在最上方取得「二金光合一光」的字的空間，取出橫一二〇公厘、縱六十公厘的尺寸，然後在其二十公厘下方取出縱四〇〇公厘的長度。

②在縱四〇〇公厘的最上方與最下方的一二〇公厘處點上點，以此為橢圓的中心點。

③上方的中心點之上下距離一二〇公厘處、左右距離一〇〇公厘處點上點，然後輕輕的

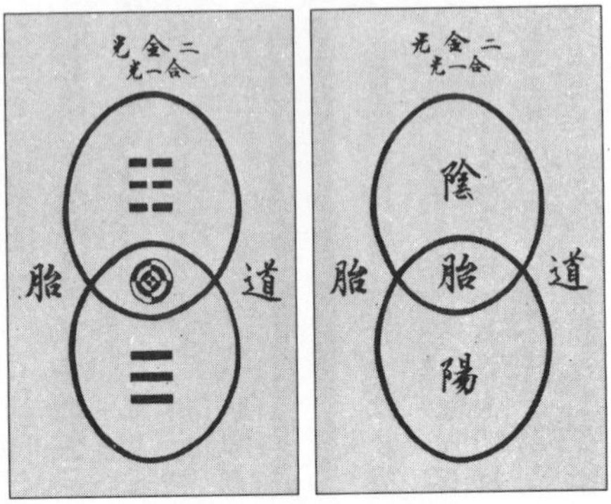

＜旋氣揉胸揉腹的正式圖＞

用實線將這四點連接畫出橢圓來。

④接著下方的中心點之上下距離一二〇公厘處、左右距離一〇〇公厘處點上點，也輕輕的用實線將這四點連接畫出橢圓來。

橢圓畫得不好的人，可以先畫橫二〇〇公厘、縱二四〇公厘的四方形，在其中畫出橢圓。只要從各自中心點取橫一〇〇公厘、縱一二〇公厘的位置，就能夠輕易的計算出尺寸來。

⑤在最上方橫一二〇公厘、縱六十公厘的空間，輕輕的畫上「二金光合一光」的字。

⑥在各橢圓的中心以及兩個橢圓的交叉處，取橫六十公厘、縱六十公厘的尺寸，畫上以下的字或記號。

●上面的橢圓……「陰」字或者是坤的記號

●橢圓交叉處……「胎」字或是太極暈的記號

●下方橢圓……「陽」字或是乾的記號

⑦然後在兩個橢圓交叉處的左側畫「胎」、右側畫「道」字。位置則與先前的「胎」字

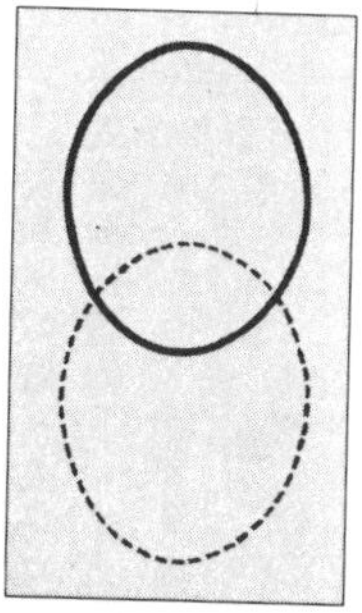

＜旋氣揉胸揉腹的簡圖＞

或是太極暈之高度相同，在縱橫六十公厘的範圍內畫出。

⑧草圖完成之後，以符咒的要領上墨。在畫每個橢圓或者畫字時，可以喘一口氣，再重複符咒的作法上墨。

❖旋氣揉胸揉腹簡圖畫法（材料＝橫四〇〇公厘×縱四五〇公厘的紙、墨、墨汁）**二二四頁**

簡圖的畫法與正式圖中②到④的步驟完全相同，在此不再敘述。但在④當中下方的橢圓係用虛線畫出。由於沒有文字的附屬物，因此紙會小一點，在此僅介紹圖供各位參考。

■旋氣揉胸揉腹訓練法（使用簡圖）

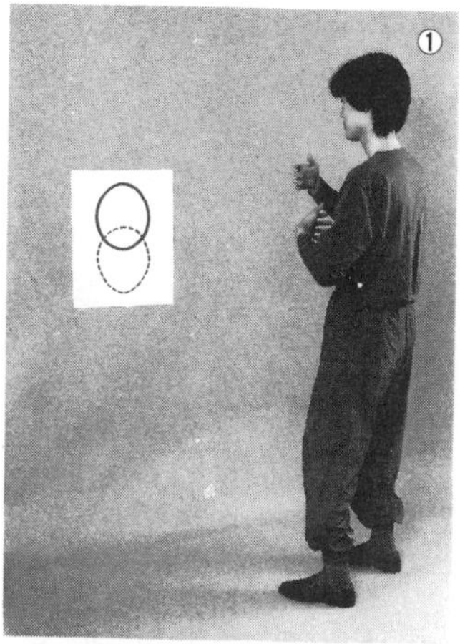

①

①因為要貼在牆壁上，所以首先要決定圖的高度。手帶到胸前（上方的手），食指（內側的部分）在喉結下方。而帶到腹部的手（下方的手），食指在心窩的高度。

這個高度與圖的兩個橢圓上端一致，這就是圖的高度，並以此為基準貼紙。

②站在距離圖四〇〇～五〇〇公厘處。

③按照基本功的要領打開雙腳。

④落腰，手背的部分朝向圖。

⑤在胸前的手（上方的手）置於上方橢圓的最下方，而在腹部的手（下方的手）置於下方橢圓的最下方。圖片係為了讓各位瞭解圖和手的位置關係，因此從背後拍攝圖，實際上圖和人必須要面對面。

⑥沿著橢圓向右轉或是向左轉。

⑦當手的位置來到最上端時，再沿著軌跡下降，回到原來的位置。

⑧重複進行三十～六十次，然後更換手的位置，朝相反的方向轉。

秘訣就在於手掌中心部與橢圓的軌跡必須一致的移動，動作才能夠正確。

長久持續之後，就會產生異想不到的效果。到底是哪些效果呢?也許會突如其來的發現

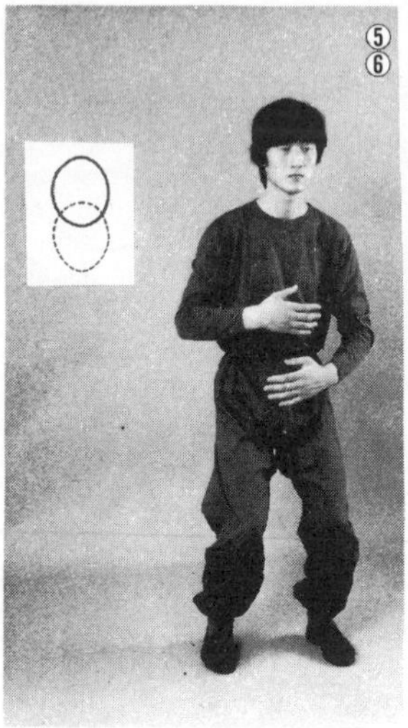

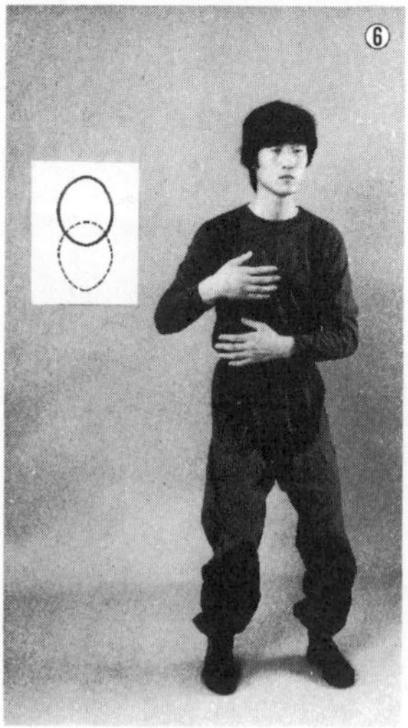

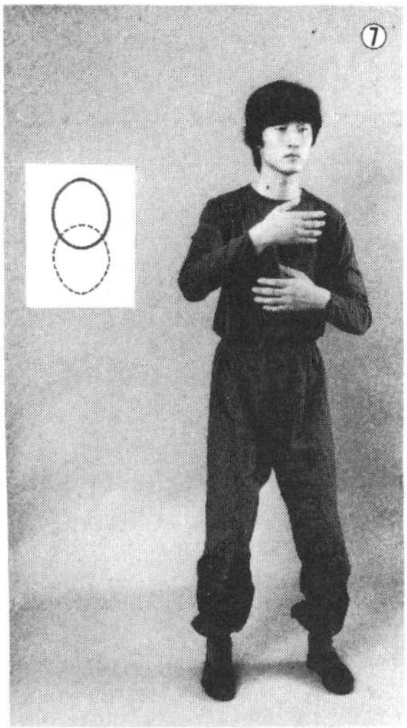

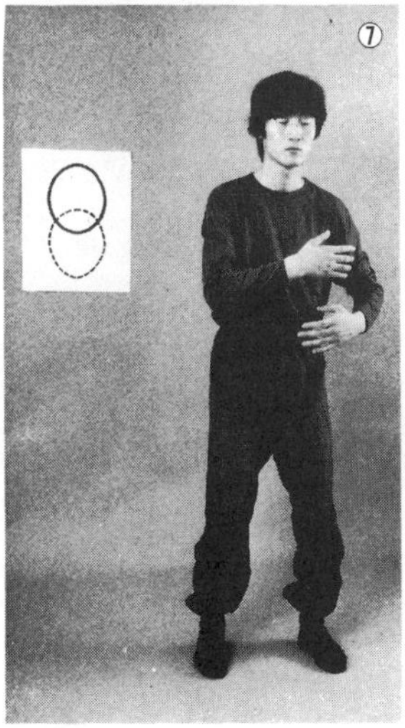

，原本在頭上的氣會按照手的移動，而從胸到腹，或者是下降到下腹部。實際感受後，就能瞭解，這是非常奇妙的體驗，好像體內有蛇在流竄，由上往下降似的。

◈**單人粘頸正式圖畫法**（材料＝橫五〇〇公厘×縱七〇〇公厘以上的紙、墨、墨汁）二二八頁

①算出高五〇〇公厘、寬三二〇公厘的尺寸，從橫方向三二〇公厘左右端開始55公厘處點上點，並以此為橢圓的中心點。

②從這兩個中心點開始，在上下二五〇公厘、左右五十五公厘處點上點，輕輕的將點相連畫成縱細長的橢圓，左邊橢圓用虛線，右邊橢圓用實線。

如果橢圓畫不好的話，可以先畫橫一一〇公厘、縱五〇〇公厘的四方形，然後再將橢圓

畫入其中。

③好像將兩個橢圓相連似的上下畫兩條橫線，從兩邊橢圓的上端算起一五〇公厘處畫線，以中心點來考量的話，各一〇〇公厘，用實線畫出。

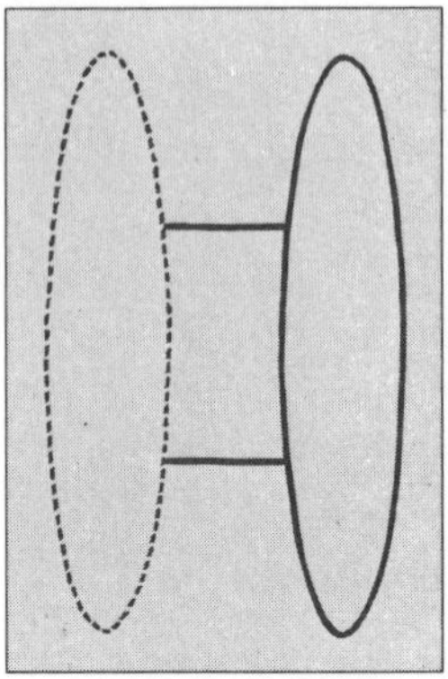

<單人粘頸的正式圖>

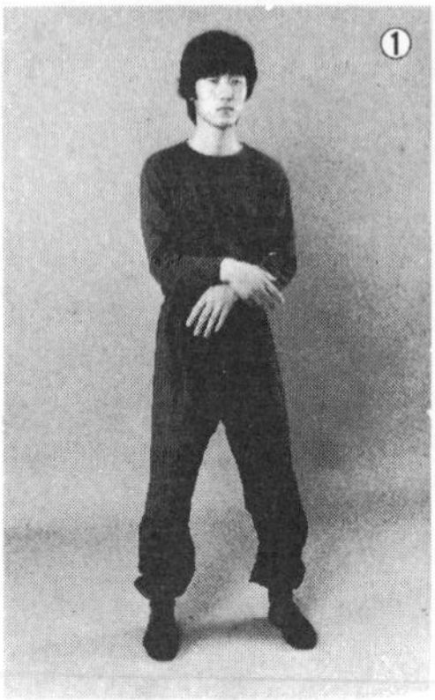

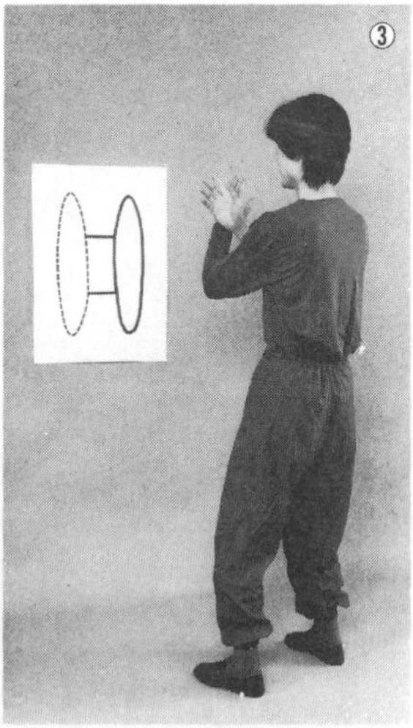

④草圖完成之後，按符咒上墨的要領上墨，每畫橢圓或橫線時喘息一次，重複符咒的作法上墨。

■單人粘頸訓練法

①圖貼於牆壁，首先如圖片所示，雙手在手腕處交叉，置於

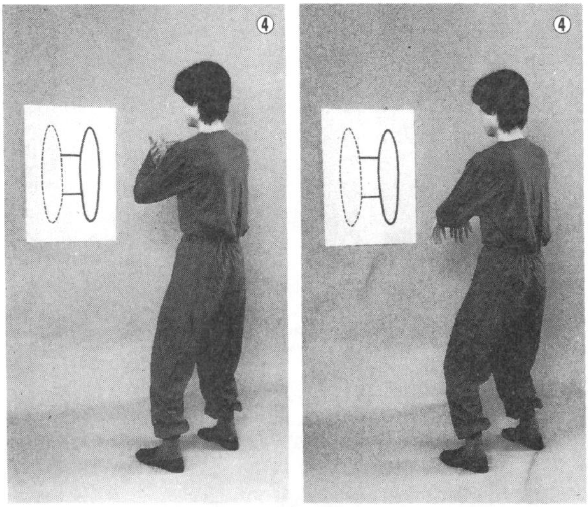

↓單人黏頸的手移動方式

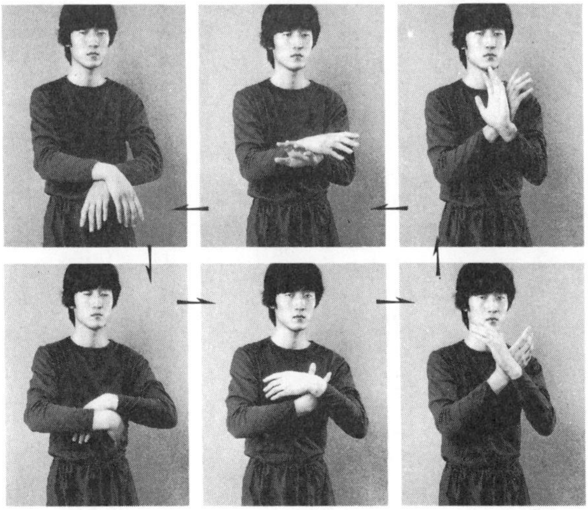

心窩稍高處。然後以手腕交疊的中心部分和圖的中心部分對合。位置上則是為了連接橢圓而朝側面拉的兩條線之中心附近，並以這個位置為基準，將圖貼於牆壁。

②站在距離圖四〇〇～五〇〇公厘處。

③將自己的手交叉並面對整個圖的中心。

④直接沿著橢圓形將手朝外側扭轉（旋轉）。這時雙手指尖與橢圓的軌跡一致而移動。圖片為了讓各位看清楚，是從斜面拍攝，但事實上應該要讓交叉的手與圖面對面。

⑤手不要移動得太快，要略微配合呼吸。雙手手指朝向橢圓上端時鼻子吸氣，朝向下端時吐氣，進行三十～六十次以後，改變手的旋轉方向，朝向內側進行。

捏球 揉球 捏球第一式 揉球第二式 使用三次元太極球體的符咒氣功

從現在開始，進行符咒氣功法道具中相當高難度道具的製作，比先前所介紹的任何一種都更花工夫，但效果也非常的好。若希望能夠得到更高的效果或期待效果迅速出現，則一定要嘗試一下。在此先為各位介紹簡單的捏球和揉球的製作法。

❖捏球、揉球的材料

捏球與揉球在訓練方面完全不同，但在道具的製作法，則完全相同，茲為各位說明。

材料並非前面所使用的紙素材。捏球要使用非常柔軟的橡皮球，而揉球則因為和訓練有關，所以需要不同的大小，可以使用保麗龍球體。尺寸如下：

①捏球用：直徑六十五公厘的橡皮球（素面）需要二個，加上黑色的專用油漆（一定要先使用第二章所介紹的方法注入力量）。

↑在球體上畫太極圖。使用橡皮球練習畫法也可以。

②揉球用：直徑一〇〇公厘、一二五公厘、三〇〇公厘的保麗龍球（白色），墨或者是漆墨水筆或者是水性油漆（一定要按照第二章所介紹的方法先注入力量）。

此外，也可以向油漆店洽詢什麼樣的材料塗什麼樣的油漆。

❖太極的畫法

準備好以上的東西之後，在球體的表面畫符咒圖案。但是什麼圖案呢？就是太極圖。而此太極圖又與普通的圖案（平面太極圖）不同，非常的困難，必須要畫出三次元的圓（也就是球）。看圖片就可以瞭解到，的確是大家沒有見過的特殊型的太極圖。

而在畫這太極圖的時候，若素材是使用保麗龍（揉球用），或是使用油漆時，則因為溶劑的關係會溶解，所以要用奇異墨水筆等水性油漆來塗，若是使用橡皮球（捏球用）時，則要使用專門的油漆。

①先用鉛筆在與球上方正好相反的一極畫出黑色圓圈與白色圓圈。圓圈的大小因球的直徑不同而有不同，因此要參照以下的

數字。

●六十五公厘球（捏球用）……直徑十公厘。

●一〇〇公厘球（揉球用）……直徑十五公厘。

●一二五公厘球（揉球用）……直徑二十公厘。

●三〇〇公厘球（揉球用）……直徑四十公厘。

②其次以圓圈的中心為起點，畫稍微大的圓圈，也因尺寸的不同，而有以下不同的尺寸。

●六十五公厘球（捏球用）……中心沿著球面距離三十公厘。

●一〇〇公厘球（揉球用）……同樣的距離四十五公厘。

●一二五公厘球（揉球用）……同樣的距離五十公厘。

●三〇〇公厘球（揉球用）……同樣的距離一二五公厘。

③其次畫太極最細的尾端部分，則因球的大小不同而尺寸不同。

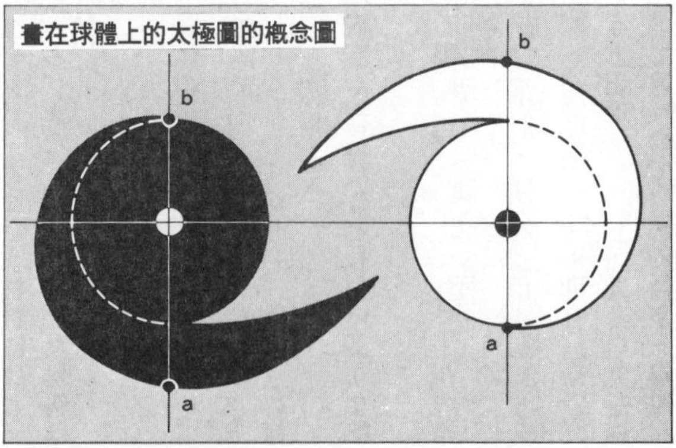

●六十五公厘球（捏球用）距離中心三十公厘。
●一〇〇公厘球（捏球用）距離中心四十五公厘。
●一二五公厘球（捏球用）距離中心五十公厘。
●三〇〇公厘球（捏球用）距離中心一二五公厘。

先畫這些，然後在相對應的極畫另一邊的尾端。最後如圖片所示，這個尾端漸漸變成較粗的線，各自與大圓圈相連。

如果脫離對應之極的位置，則效果會產生偏差，因此要小心謹慎決定好位置。

④若能正確的畫出，則利用草圖使用筆按照符咒的畫法要領塗抹黑色的部分。

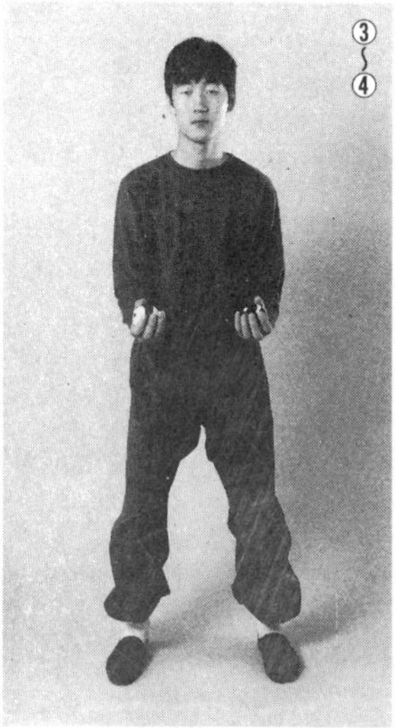
③～④

當然，不習慣畫球體圖會感到非常的辛苦，簡單的方法就是先買幾個六十五公厘球來練習一下。先買五個球，畫三～四個不行，總會漸漸畫得很好，這是最低限度的必要投資。事實上若能掌握畫法祕訣時，就會覺得非常簡單，即使尺寸再大的球，也能毫不辛苦的畫出太極圖。

以上太極圖畫好之後進入訓練，如先前所述，捏球與揉球完全不同，因此要分別加以說明。

■捏球的訓練法

捏球的動作，與普通練氣功的情形完全相同，所不同的只有一點，那就是要使用兩個球。

①腳張開如基本功形，雙手手掌相對，按照擦掌要領充分摩擦生熱。如先前所述，感覺好像熨斗放在手掌似的，非常的燙。這個動作在開合的部分已為各位說明過了，忘記的人可以重新再閱讀一次。

②如圖所示，雙手拿著球站立。

③拿著球並將頸、肩、及手臂放鬆，意識只集中於指尖，在此用力，利用短式呼吸法「咻、咻、咻、咻」地呼吸。

④在1次咻及吐氣時，用手指緊捏球，然後立刻輕輕的吸氣（不必下意識就可以進行），同時放鬆手指的力量，至少要進行三十次（呼吸的次數）。

⑤進行過三十次的訓練之後，再採不拿橡皮球的方式，也進行三十次的訓練，就能夠瞭解到橡皮球的太極球的感觸，好像還留在手上似的來進行訓練。

如此一來，和普通練氣功相比，就能夠迅速使手掌出現強大的力量。此外，到目前為止，利用我的前著實行捏球法，卻無法產生效果的人，可利用這個球嘗試捏球，相信立刻就能夠產生氣的感覺。

■揉球訓練法

揉球需要分別使用三個球（一〇〇公厘、一二五公厘、三〇〇公厘）。在不會妨礙訓練

的位置，放桌子和抬子等，並在上面放三個球。

然後……。

①與開合同樣的，手掌摩擦生熱產生氣的感覺，手掌罩著排在桌上的球，應該立即就可以感覺到球所產生的強烈氣，如果還是感覺很微弱的話，必須再擦掌，使手掌生熱才行。

②感受到強烈的氣之後，如圖片所示，首先將最小的一〇〇公厘的球拿起來。這時，不可用力緊握球，而必須輕輕的若有似無似的拿著。

③如圖片所示，朝上下、左右各種方向旋轉。

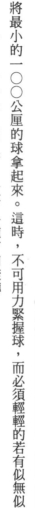

球朝左邊旋轉時，身體朝左邊傾斜，朝右旋轉時，身體朝右傾斜，上下方向也是同樣的，配合球的旋轉將身體朝上下方向移動。

④實際用球掌握感覺之後，然後不時用球進行訓練。也就是雙手相對，完全沒有球的狀態下，感覺球好像還握在手中似的進行動作。

這時，想像不只是手上拿著球，甚至連球上所畫的太極圖都非常的清晰，這樣子就能夠使氣的感覺非常的強烈。

⑤使用過一〇〇公厘的球之後，再使用一二五公厘的球，進行同樣的訓練，然後再使用三〇〇公厘的球進行訓練。隨著球不斷的增大，如圖所示，身體的動作也會不斷的增大。

⑥使用球進行訓練，習慣之後，最後不使用球，由小球到大球為止，進行一連串的訓練

動作。也就是說，在手中旋轉的球，經由自己的想像會逐漸增大，而在移動雙手時，從小球到中球到大球不斷產生變化，到了大球之後，再回復到雙手的形態像握著最小的球似的。

反覆練習時，就能清楚的培養氣的感覺。漸漸的覺得雙手之間有球狀物產生，最後甚至感覺雙手像是夾住一團空氣似的，進而像白霧狀的東西。

模魚　模魚第三式　立體道具構成橢圓的太極符咒圖

模魚動作大而立體，因此道具形狀非常複雜，看看圖片，各位就可以瞭解到，整體組合起來好像長桌狀。

圖案可以使用大的保麗龍等素材來製作，但缺點是容易損壞。如果有較多空閒，則可使用三夾板來製作。

模魚時，除了立體道具之外，還需要放置在桌上（應該說是貼在桌上）的符咒氣功圖，以及塑膠製的腳印等。方法並不複雜，一定要一一地向模魚製作的道具挑戰。

必須要準備以下的東西。

保麗龍板（橫一〇〇〇公厘×縱五〇〇公厘以上）四片，或者是大小相同的三夾板，以及A3的銅板紙一張。橫一三五〇公厘×縱四五〇公厘以上的紙一張。縱橫各五〇〇公厘以上的塑膠布一片。墨、墨汁（符咒圖用）、油性油漆（腳印用）。使用三夾板的人還須要準

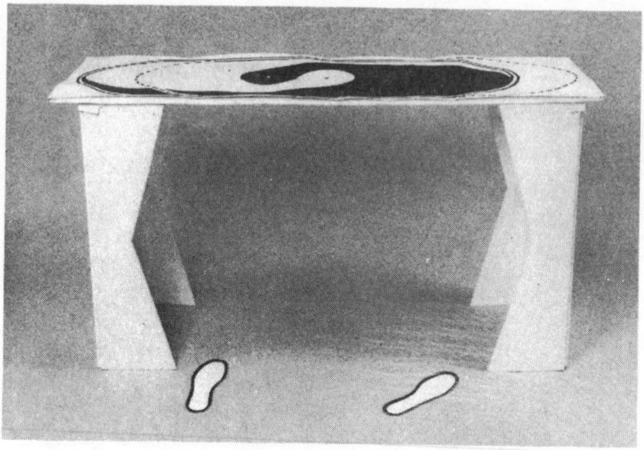

↑進行模魚的道具。每一個都可以簡單的作出來。

備加以補強的方形棒（二十五公厘正方形）一根。螺旋釘四個。

❖桌面的製作方法

①桌子要作成橫一三五〇公厘、縱四五〇公厘長的規格，由於保麗龍板的長度不夠，所以必須將二片板子連接起來。

②但是經過接合所組成的桌面接合部分會下垂，因此需要利用以下的補強材。

③補強材的尺寸為橫一二五〇公厘以上、縱五十公厘（厚度為十公厘）。

④作成三個重疊在一起，用接著劑黏貼在桌子的正下方，再放置於支撐台上（相當於桌腳的位置），如此正中央就不會凹下去。

❖支撐台的作法（腳部）

其次製作擺桌面的支撐台。台子的製作需要以下的板子，橫板橫二〇〇公厘、縱七〇〇公厘四片，後板橫

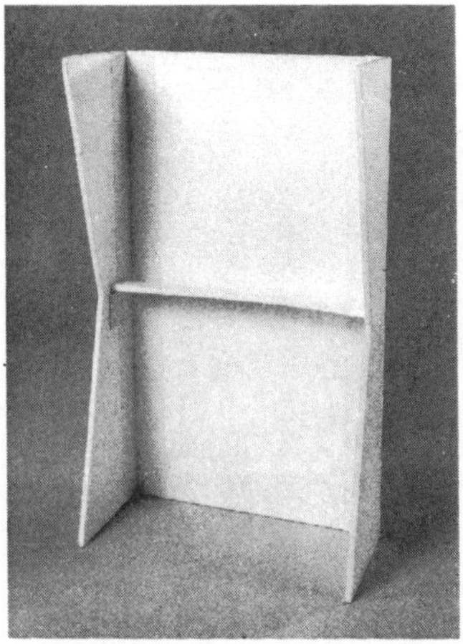

←支撐桌子的腳部完成照片。如果是保麗龍就可以輕易的作出來。下圖表示各種尺寸，細微處由自己花工夫來作。

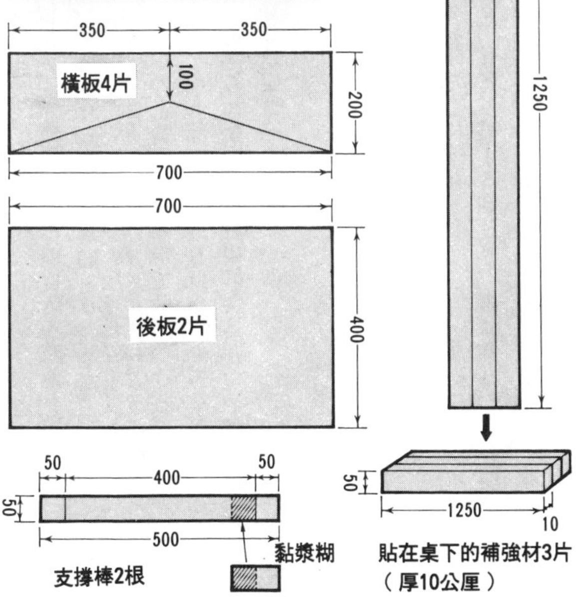

四〇〇公厘、縱七〇〇〇公厘二片。

①橫板由縱七〇〇公厘的中間部朝內一〇〇公厘處斜畫一刀。

②畫一刀之後，將二片橫板及一片後板使用黏結劑像紙一樣的連起來，或者是用較厚的膠帶黏起來也可以。

如果是使用真正的木材，則這個部分也可以相連，而且又可摺疊，構造非常方便，作成兩組。

③在橫板部分，為了固定支撐棒，因此要做一個洞孔。縱橫55公厘，三面附上刷漿糊的地方，直接刷上漿糊，形成袋狀，合計作四個。貼於台的橫板位置。位置是距離板的上端三五〇公厘處（參照圖片棒子部分的左端）。

④要和桌子組合時，只要將棒子插入即可。

❖支撐棒的作法

①為了固定支撐台，必須要作支撐棒及插入棒子的部分。

●棒子的長度……保麗龍製（或木材）橫四〇〇公厘×縱五十公厘二根。

●棒子插入部分……銅板紙製，橫一〇〇公厘×縱五十公厘四張。

②這個插入部距離棒子兩端五十公厘處用接著劑黏貼。而在側面五十公厘的部分與台子組合時，成為橫板之紙插入的部分。

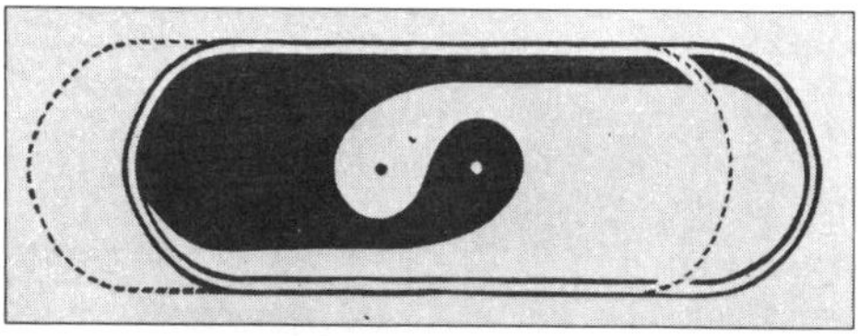

<模魚的正式圖>

用木材製作的人，則不用連接起來可以直接將鐵絲附在支撐棒和台子的兩側，在組合時使其固定即可。

其次再將桌上的圖畫出。

◈模魚正式圖的畫法二二六頁

模魚正式圖的畫法，是在重疊側面畫長橢圓形，而在橫的位置畫長的太極圖的圖案，其畫法如下。

①橫一三〇〇公厘、縱四〇〇公厘的四方形，輕輕的用鉛筆畫出。

②這個四方形再分割為五個長方形。首先畫出橫一五〇公厘、縱四〇〇公厘的長方形四個。尺寸從左右兩端開始計算。剩下一個會自動形成橫七〇〇公厘、縱四〇〇公厘的長方形。

③左側兩個長方形，如尺寸圖所示，畫曲線，外側的長方形為虛線，內側的長方形為實線。而內側長方形的上下橫線也是虛線。

④右邊的二個長方形也同樣畫曲線，外側的長方形為實線，內側的長方形為虛線，但是與左側不同的，就是右側內側長方形的上下橫線不需要畫虛線。

⑤沿著這個橢圓形的實線描邊，在寬二十公厘左右要避開虛線的部分。

⑥最後在正中央的長方形（橫七〇〇公厘、縱四〇〇公厘的長方形）內畫太極。太極圖

的大小為半徑八十公厘，在此各畫出半徑五公厘的圓圈，在長方形的中間拉出縱橫的中心線（橫三五〇公厘、縱二〇〇公厘較好），就能夠輕易的畫出太極來了。

然後，再拉出太極的尾巴，約寬四十公厘，最後的部分消失在實線橢圓邊緣的縱線正中央附近。

⑦完成草圖之後，按照符咒的要領上墨。由於圖複雜且很大，無法一氣呵成上墨，因此要以長方形所畫出的圖為一個單位，反覆進行符咒的作法上墨，最後塗黑時，要一邊休息一邊上墨。

<模魚的簡圖>

❖模魚的簡圖畫法二二六頁

模魚的簡圖，是從正式圖中取太極圖和實線橢圓的邊緣部分。也就是在畫的時候，只要進行①~④的畫法就夠了。因為沒有正中央的太極圖，因此，與正式圖相比，力量較差，但多花些時間訓練，也同樣會發揮類似正式圖的效果。上面圖供各位參考。

❖腳印的作法

最後要作左右的腳印，要使用白色的厚塑膠。

作法很簡單，只要將自己的腳放在塑膠上，用鉛筆沿邊描出來，然後用黑色的油性油漆描繪所畫的部分，最後再用剪刀剪下來即可。

若覺得作起來很麻煩的話，也可以使用塞在鞋子裡的鞋墊，但是在訓練時有可能會脫落，因此仍以較厚的塑膠所製成的腳印為佳。

總之，以上所有的東西都製作完成後就可以進行組合訓練。

■模魚的訓練法

①首先算出擱置腳印的位置，因人而異，多少有些不同，大致在以下的範圍內。

●右腳……距離桌前五十公厘處。在此處將腳打開約三十度。

●左腳……面對桌子前方呈九十度，從邊緣開始進入50公厘深處。

但因人而異，若有少許偏差不要緊，可一邊訓練一邊修正，在③的部分有表示修正的方法。

②決定好腳的位置之後，面對桌子站立，將一隻手擱置在虛線處，而另一隻手擱置在實線處。

③手掌擱置在距離桌子表面二十～三十公厘處，保持這樣的高度，沿著橢圓的軌跡，依順時鐘的方向移動。以此當作一次。這時可清楚的瞭解腳置於何處最容易進行，因此要在此時修正腳印的位置。

④按順時鐘的方向之動作重複作三十次以後，將腳印左右互換，朝左邊方向（逆時針）進行三十次。

先前曾提及，當重複進行許多次之後，手好像自動沿著軌跡移動似的，又像是被太極吸入的感覺。以上的這些感覺都必須靠自己去體會，在此不再多說，但至少要加強模魚的訓練，直到這種程度為止。

②

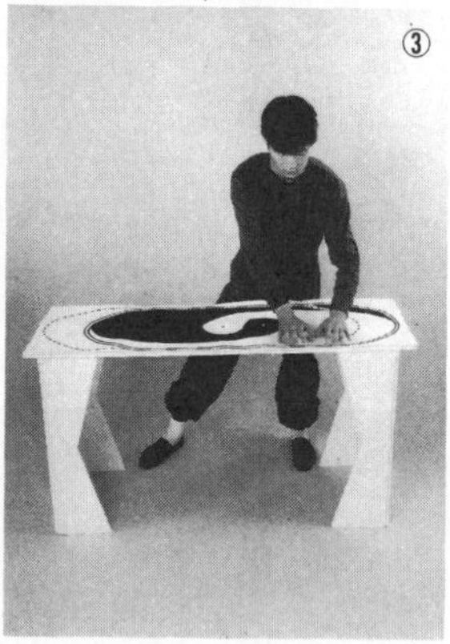
③

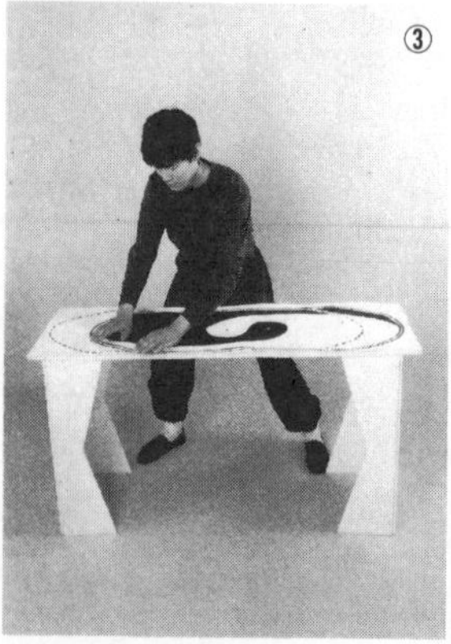
③

③

擺臂　第一式 擺臂　將巨大鐘擺狀的軌跡符咒化

即將到達符咒氣功法道具製作的最後局面了。接下來為各位介紹的擺臂、摔甩，是符咒氣功圖中最大的圖。在構造上是一張紙，雖然是巨大，但與立體的模魚相比。則比較單純。由於圖型巨大，且又含有許多曲線的圖案，因此要計算尺寸上墨則非常的困難。

對初學者而言，要將它描繪出來是非常辛苦的事情。但在進行符咒氣功訓練時，利用這種圖所獲得的效果，是其他圖所無法比擬的，因此一定要嘗試一番。

雖然巨大，可是與摔甩相比，是屬於較容易的擺臂符咒圖。

擺臂包括手臂朝前後擺動的「前後擺臂」，以及朝側面擺動的「左右擺臂」二種。首先為各位介紹「前後擺臂」。

原本是以月亮圖為原畫，而正式圖有些變形，不過也都是來自這個圓。當然也有簡圖。但由於非常巨大，所以正式圖與簡圖沒有什麼差別。簡圖反而較能使動作表現出來，也較能夠產生清晰的效果。

在製作上所花的工夫，兩者也幾乎是相同的，因此還是以畫簡圖較容易瞭解。在此主要是以簡圖為主進行說明。若對正式圖有興趣的人，也在書上有表明畫法供各位參考。

❖**前後擺臂的簡圖畫法**（材料＝橫一五〇〇公厘×縱一六〇〇公厘以上的紙、墨、墨汁）**二**

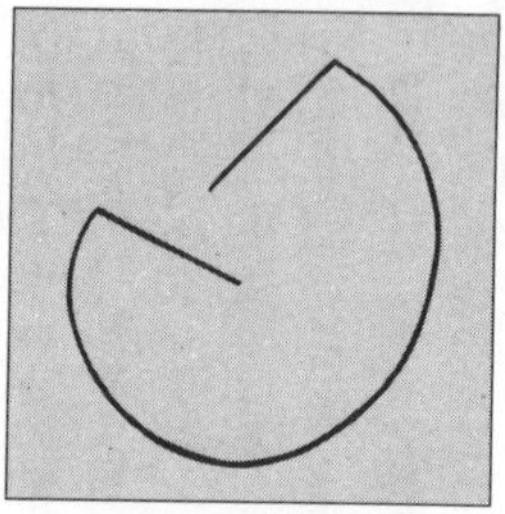

＜前後擺臂的簡圖＞

二九頁

①找出基本點(A)，從上緣開始在七二〇公厘、左緣開始六九〇公厘處，因為紙很大，所以加減二十公厘也不要緊。

②從這個基本點算出以下的尺寸，輕輕的畫上點和數字。

1……右五十公厘、下一六〇公厘（起點）
2……左五〇〇公厘、上一七〇公厘
3……左六五〇公厘、下一八〇公厘
4……左一〇〇公厘、下七〇〇公厘
5……左右〇公厘、下六九〇公厘
6……右六四〇公厘、上九十公厘
7……右二八〇公厘、上七〇〇公厘
8……左一二〇公厘、上二三〇公厘

③畫出以上點和數字之後，一與二、七與八用斜線，其他全部用曲線相連。

曲線畫不好的人，可先算出1至8的尺寸之後，再畫出橫一二九〇公厘、縱一四〇〇公厘的大四方形，在1到8的各處縱橫全部畫直線。雖然有些痲煩，但畫出來之後，就能夠瞭解線的彎曲度，也就能夠輕易的畫出圖來。

④草圖完成之後，再按照符咒上墨的要領上墨。因為圖很巨大，所以在畫各點時，可以喘一口氣，重複符咒的作法上墨。

❖前後擺臂的正式圖畫法（材料＝橫一五〇〇公厘×縱一六〇〇公厘以上的紙、墨、墨汁）

①從簡圖中去除1與8，也就是斜線的部分，然後從基本點往下二一〇公厘處點上點，並以此交成O。

②在2、0、7的三點用大曲線連接。

③形成巨大的新月型，而在其中心（基本點的正下方二八〇公厘處）縱三五〇公厘、橫一六〇公厘的範圍內畫上「月令」二文字。

＜前後擺臂的正式圖＞

④草圖構成之後，按照符咒上墨的要領上墨。因為圖很巨大，所以在畫各點時喘一口氣，反覆符咒的作法上墨。

■前後擺臂訓練法（使用簡圖）

①先將圖貼於壁上，側面對著圖，雙臂像第一張圖片（④⑤）所示往上抬，然後與圖右上方的斜線一致。

接著像第三張圖片（⑥）所示，手臂朝向後邊往下擺動，伸直的手臂與朝左上方的斜線一致。決定這兩項之後，將圖固定於壁上。

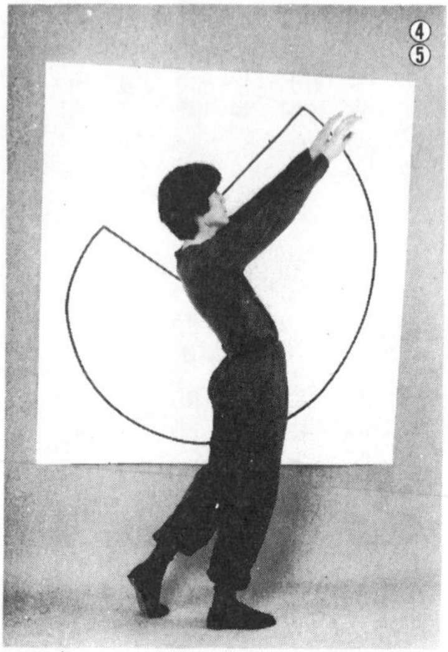

此外，為了讓各位瞭解，因此圖片是從較低處拍攝的，實際上伸直的手臂線必須與斜線完全一致才行。

②進入訓練時，要站在距離圖四〇〇公厘處的位置，並側面對著圖。

③右腳維持原狀，左腳向後挪移，雙腳的寬度在雙手如圖片所示朝前後伸直時能夠保持最輕鬆的姿勢位置即可。

④手臂往前伸，一直上抬到最高點，也就是形成貼圖時的姿勢。

⑤手臂上抬時，由鼻子吸氣，進行稍微短一點的長式呼吸。

⑥在上抬到最高點以後，再沿著圖的軌跡手往下擺動，這時由口中吐氣。如圖片所示，身體朝前面彎曲，就是①所示第二個圖片的姿勢。

⑦手臂到達這個位置時，再沿著原先的軌跡還原。往返計算一次，至少要進行六十次。

❖**左右擺臂簡圖畫法**（材料＝橫二〇〇〇公厘×縱一五〇〇公厘以上的紙、墨、墨汁）二二九頁

左右擺臂圖好像月亮重疊的形態，與前後擺臂圖比較，畫起來較為麻煩，尺寸又很巨大，且又要畫兩張同樣的圖，即使我很習慣畫圖的人，在畫草圖時，加上作圖用的點時也會產生混亂。

為了避免這種情形，首先只畫單側，然後再以左右對稱的方式畫另一張圖。

在此有正式圖與簡圖之分，與前後擺臂同樣的，在動作描高點方面，以簡圖較為正確，因此以簡圖的畫法為主，正式圖僅供作參考而已。首先為各位介紹簡圖的畫法。

①先決定中心點，以紙而言就是橫端一〇〇〇公厘、縱端七五

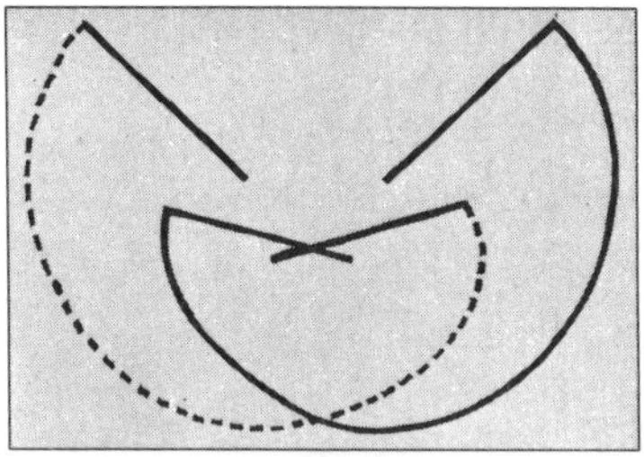

<左右擺臂的簡圖>

〇公厘處，在此畫上點。

②如先前所敍述的，首先從形成對稱的單側圖畫起，右側圖為實線，可以先畫，然後在畫另外一個虛線圖時就容易用來參考了。

③決定中心點基準以後，再用以下的方式找出尺寸塡入點和數字（編號）。

1……右一三〇公厘、下一七五公厘

2……左五三〇公厘、下十五公厘

3……右二三〇公厘、下六八五公厘

4……右九二〇公厘、上一三五公厘

5……右七一〇公厘、上六八五公厘

6……右三〇〇公厘、上一二〇公厘

④1與2、5與6用直線的斜線相連，而2到5為止，則如圖所示用曲線相連。若曲線畫不好的人，可先從中心線以及1～6開始，在縱橫處畫線，形成幾個四方形，然後好像將曲線收藏在四方形中拉曲線，就會畫得很好了。

⑤右側圖也就是實線的草圖完成以後，再畫左側的虛線圖。不同的就是，左右的位置要互換。此外，這個圖中只有1與2、5與6的直線是實線。

⑥完成草圖以後，按照符咒上墨的要領上墨。因為圖很巨大，且有兩個，因此在畫各點

時喘一口氣，再重複進行符咒上墨的作法上墨。

❖左右擺臂正式圖的畫法（材料＝橫二〇〇〇公厘×縱一五〇〇公厘以上的紙、墨、墨汁）

①省略簡圖的1與6，而在中心點正下方一八〇公厘（左右0公厘）畫上點以後，以此為0。

②最初用較大曲線連接右側的2、0、5，左側也要使用這個0點，並也用曲線連接2、0、5。而正式圖與簡圖不同之處，就是左右圖都是用實線畫。

③最後從中心點算起，在正上方一五〇公厘處當成中心畫出半徑一五〇公厘的太極圖，其最下方正好與紙的中心點相連結。

<左右擺臂的正式圖>

④完成草圖以後，按符咒上墨的要領上墨。因為圖很巨大，而且有兩個，因此在畫各點時要喘氣一次，反覆符咒上墨的作法上墨。

■左右擺臂訓練法（使用簡圖）

①將圖貼於牆壁上，為了計算位置，將手臂往右上抬。在手臂上抬處，伸直的右臂與實線的右斜線（較高位置的斜線）一致，而左臂則與下方虛線圖的斜線（較低位置的斜線）一致。

然後，手臂朝左方上抬，伸直的左手臂與虛線圖的斜線（位置較高者）一致，而右臂與實線的斜線（位置較低者）一致。以上計算出來之後，再將圖固定於牆壁。

②站在距離圖四〇〇公厘處，正面對著圖張開腳站立。

③一邊吐氣一邊將雙手朝右上方擺。這時很多人會有手臂擺向後方的傾向。這樣並不好，一定要擺向正側面。

④右手上抬到最高位，左手則擺到次高位（第二高點），然後再朝向相反處的高處擺。這時要吐氣左右共計一次，重複進行六十次。

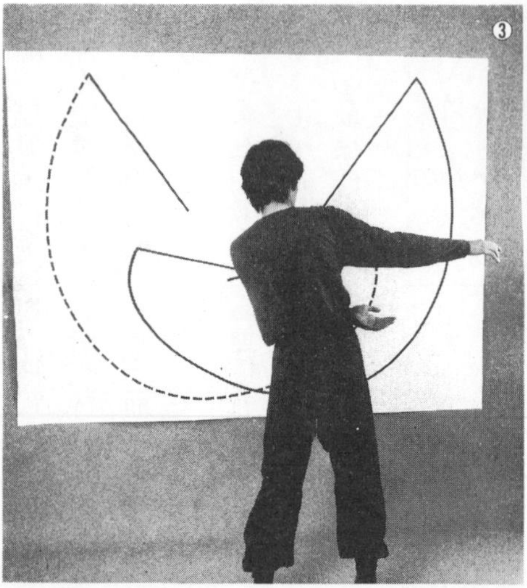

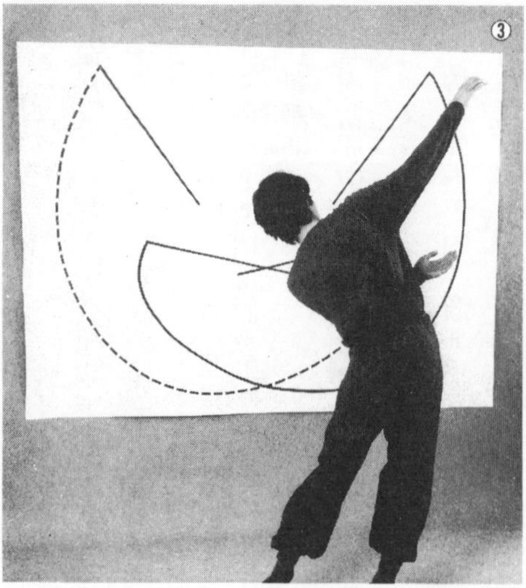

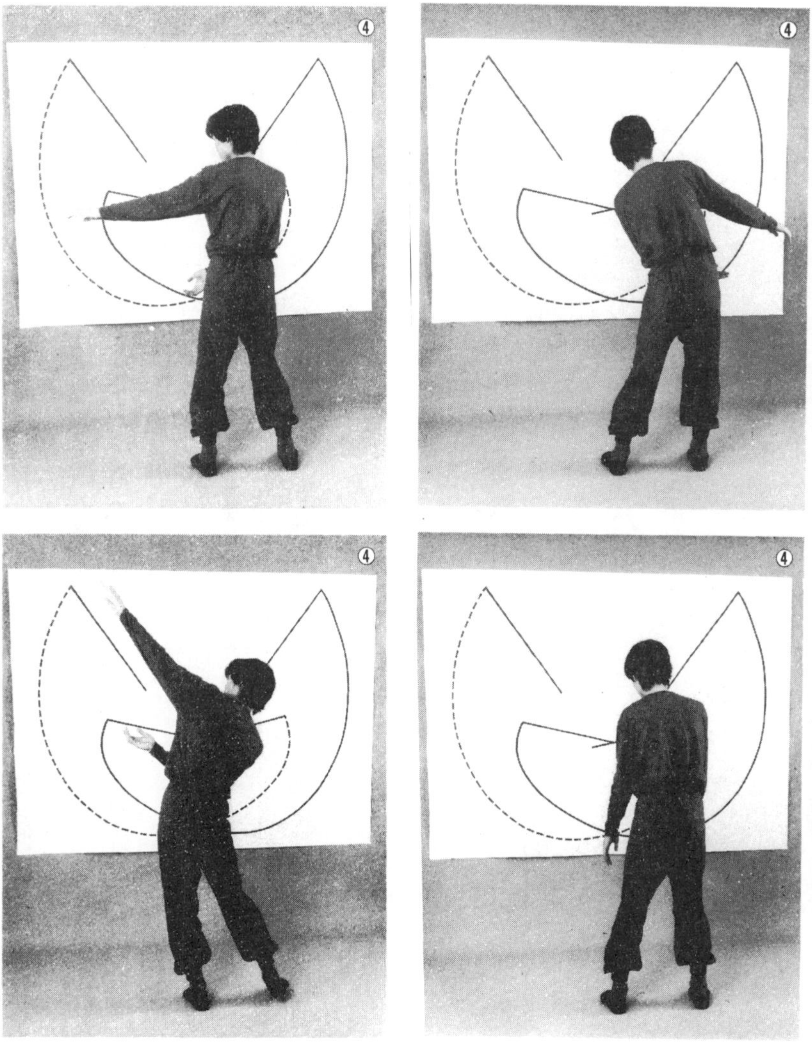

手指一定要和圖的軌跡一致來移動手，如此就能瞭解如果圖和手的位置不合的話，就表示貼圖的方法有問題，必須要檢查圖的位置關係，如果仍不一致的話，就表示尺寸有問題，則要進行圖的修正才行，如果修正之後還不能一致的話，那就可能是你的身體有問題了。因此在訓練時一定要請別人在旁觀察確認。

摔甩

摔甩第一式——從腳邊浮上來的巨大漩渦狀符咒圖形

這是與先前道具完全不同的東西，它不是貼在牆壁上，而是放在腳下來進行訓練。只有在基本功和推掌利用這個圖。

特徵就是在轉動手臂時，按照圖的軌跡移動，因此需要相當大的紙。如果沒有大紙，就要將數張紙貼在一起才夠大。

摔甩有二種訓練，一種是不用抬起腳跟進行的訓練（稱為普通行），另外一種則是抬起腳跟進行訓練（稱為抬腳行）。同樣是摔甩，但因軌跡不同，必須要另外製作圖。

圖很巨大，必須要畫二個，非常的辛苦，但其訓練的效果則如第一章所介紹的，非常的大。感覺好像巨大曲線軌跡從腳底浮上來似的，圍繞著自己的身體上下的移動。想親自體驗這種威力的人，一定要繪圖，否則無法嘗試到。

就先從普通型（不抬腳型）的圖為各位介紹，這並沒有正式圖與簡圖的區別。

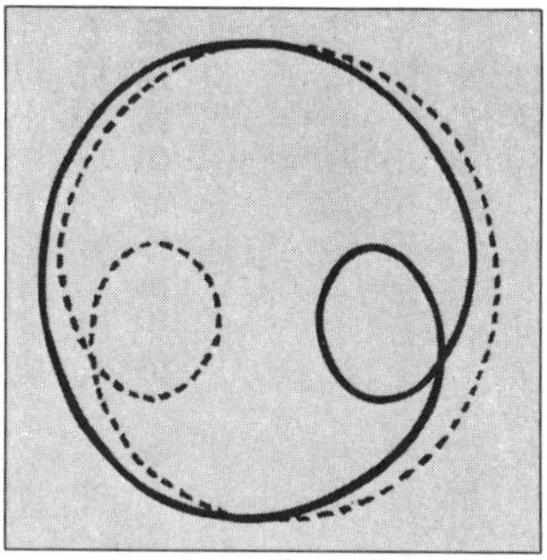

＜普通型的摔甩的正式圖＞

◈普通型摔甩正式圖的畫法（材料＝橫二〇〇〇公厘×縱二〇〇〇公厘以上的紙、墨、墨汁）**二三〇頁**

與前述的擺臂（左右）相同，必須要畫兩個左右對稱的軌跡，同時計算尺寸。在畫出點和連結線時會產生混亂，所以要先完成單側的草圖之後，再畫另一個草圖。

①算出紙的中心點，從紙的一端算起縱橫一〇〇〇公厘處為中心點。因這個紙是正方形，所以很容易找出中心點來。

②決定好中心點之後，塡入以下的點和數字（編號）。

1……右六二〇公厘、下二七〇公厘

2……右三九〇公厘、上一二〇公厘

3……右一七〇公厘、下一一〇公厘

4……右四〇〇公厘、下四〇〇公厘

以上是為了畫小圓而畫出的點，為了避免混亂，要事先與以下大圓的尺寸分開來。

5……右七四〇公厘、上一〇〇公厘

6……中心點正上方八二〇公厘

7……中心點左側面八二〇公厘

8……中心點正下方八二〇公厘

③點出以上的點之後，先將1到4相連，從4到5形成緩和的相連線，到8為止，畫出大曲線，再回到1，這全都用實線來畫。

如無法巧妙畫出曲線的人，先從中心點以及1到8為止的點畫出縱橫線來，畫出很多的四方形。然後曲線好像在這個範圍內收藏似的畫出曲線來，就能夠巧妙的畫出曲線了。

④右側的實線圖完成之後，再畫左虛線圖，從②的尺寸當中將右改成左、左改成右就可以了。

⑤草圖完成之後，按照符咒上墨的要領上墨。圖很巨大且必須要畫兩張，因此在畫各點時喘一口氣，反覆進行符咒上墨的作法上墨。

■普通形的摔甩訓練法

①將符咒圖鋪在地上，然後站立在中心。

②按照基本功的要領張開雙足，停止在小圓軌跡內側處。

③身體如圖片所示扭轉，手的部分抵住相反側的腰，以圖片為例，左手手臂的部分置於右腰，右手手掌的部分置於左腰。

④保持這個姿勢，仔細看清下方的線，一邊旋轉手臂並扭轉身體，右手沿著虛線、左手沿著實線旋轉。

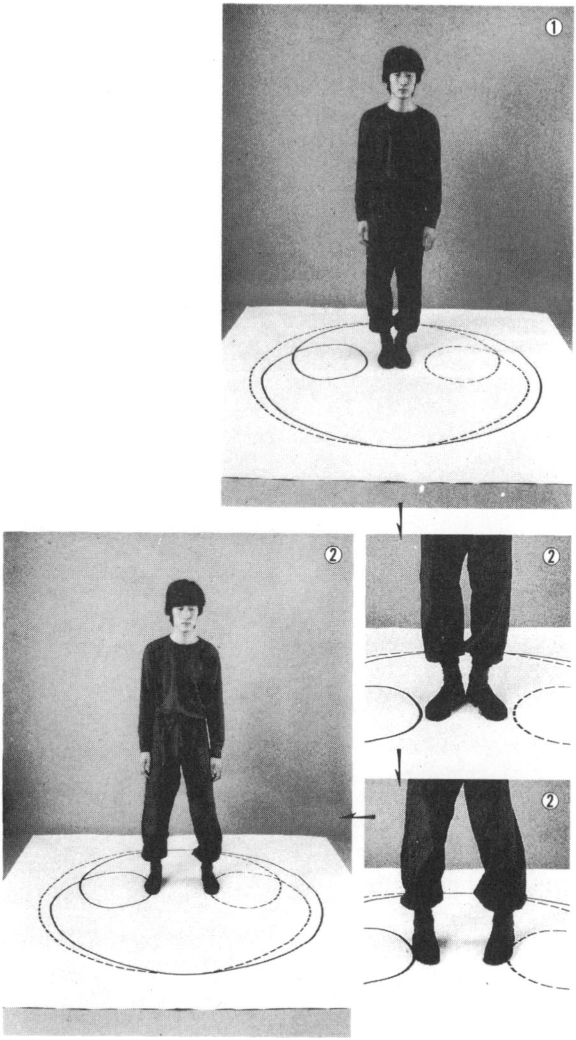
①
②
②
②

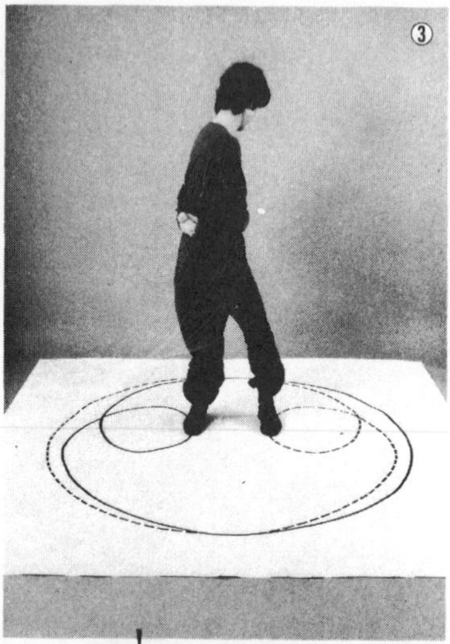
③

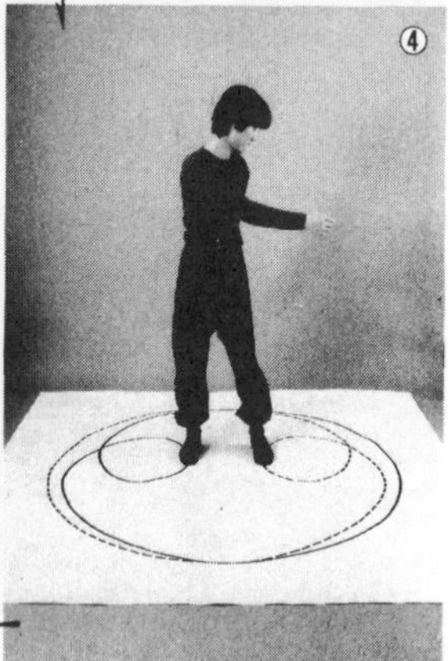
④

④

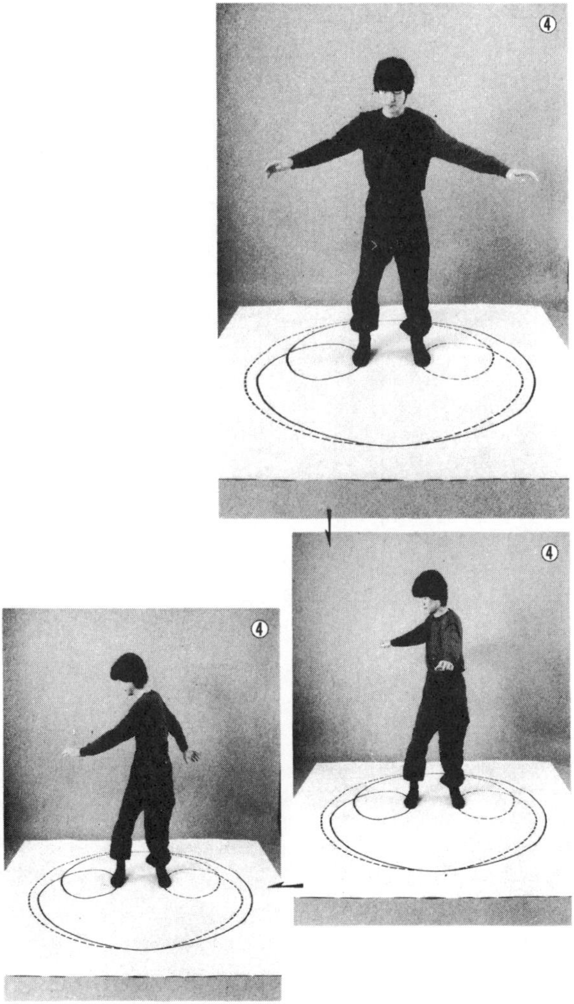
④
④
④

各位看圖片就可以瞭解，好像雙手在畫軌跡似的進行訓練。呼吸非常的獨特，是長式與短式交互進行的呼吸。具體而言，就是手旋轉時從口中吐氣，手插腰之前用鼻子短促吸氣。

⑤沿著軌跡旋轉以後，手來到與最初相反側之腰的部分。手來到此處之後，再沿著原先的軌跡呈反方向旋轉。

反覆進行六十次以上，就會出現第一章所介紹所敍述的奇妙之現象了。

❖抬腳型摔甩正式圖的畫法（材料＝橫二〇〇〇公厘×縱一八〇〇公厘以上的紙、墨、墨汁）

二三一頁

與先前圖同樣的，好像左右對稱兩個圖重疊似的形狀。右邊用實線、左邊用虛線來描畫，與前面圖不同的就是中心有小圓圈，並成為兩張圖的軌跡之起點。

這個圖比普通的摔甩圖更為複雜，這須仔細描繪。

在畫草圖的時後，因兩種圖的尺寸容易引起混亂，因此要先將右側的實線圖，畫完之後，以此為參考再畫左側的虛線圖。

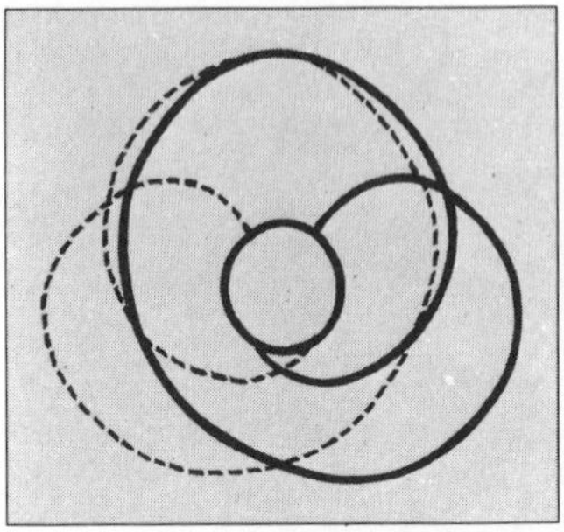

<抬腳型摔甩正式圖>

①最初決定圖的中心點，從上下緣算起九〇〇公厘、從左右緣算起一〇〇〇公厘處，在這畫上點。由於紙很大，若有少

許差距也不要緊。

②決定好中心點之後，先輕輕的畫半徑二〇〇公厘的圓（A）。因為這是完整的圓，所以只要按尺寸畫出來即可。

③接著，以中心點為基準，輕輕的填入以下的點和數字。

1……左一二五公厘、下一五五公厘
2……右一八〇公厘、下二八五公厘
3……右六三〇公厘、上二二〇公厘
4……正上方七七〇公厘
5……左五六〇公厘、上四十公厘

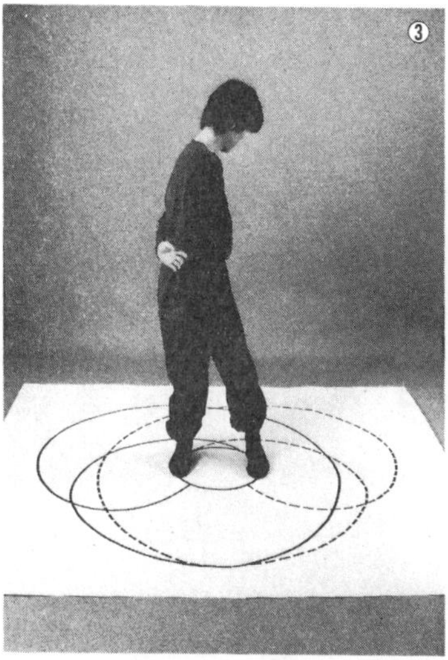

6……右二〇〇公厘、下六八五公厘
7……右八三〇公厘、下一二〇公厘
8……右四八五公厘、上三七〇公厘
9……右一二五公厘、上一五五公厘

其中，1與9是和A銜接的狀態，從1到2、3、4、5……用實線畫出緩和的曲線，到8之後與9相連。

曲線畫不好的人，可在中心點及1～9為止的點拉從橫的直線，畫出許多的四方形，然後在其中畫曲線即可。

④實線的草圖畫好之後，再畫左側虛線的

曲線○尺寸的計算方法很簡單，只要左右互換即可。

⑤草圖的準備結束後，即按符咒上墨的要領上墨，而這個圖的軌跡很長，因此在各點可以喘一次氣，將氣注入筆中再繼續前進。

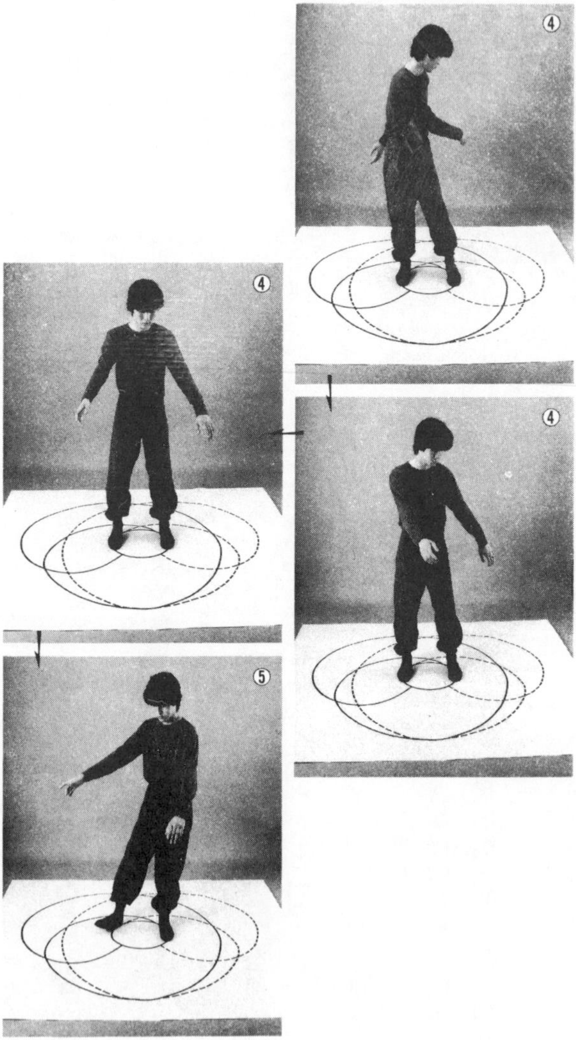

■抬腳型的摔甩訓練法

完成之後，趕緊進行訓練。

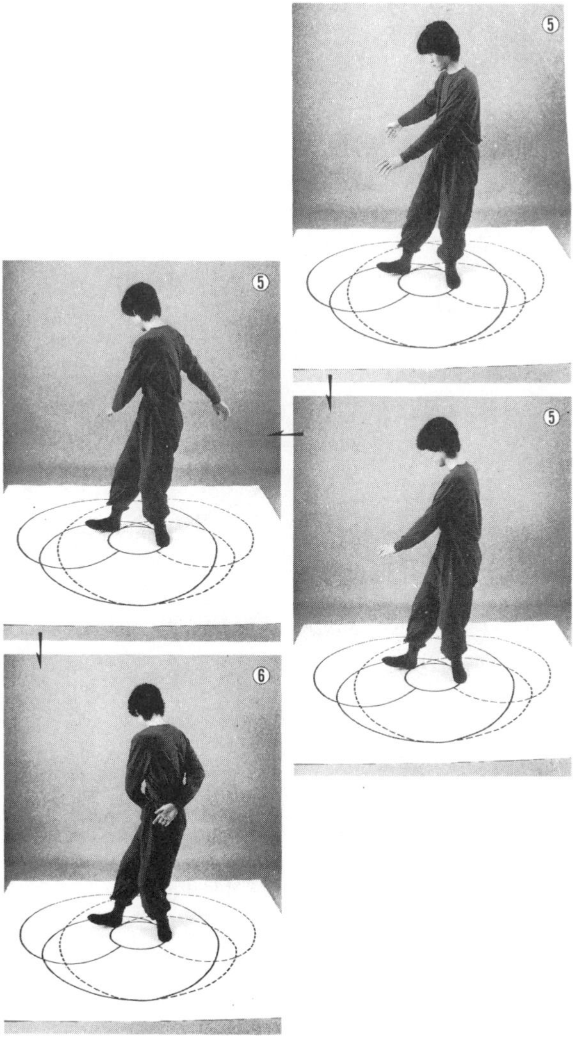

①將圖鋪在地面上。

②站在小圓的中心，圖的上部（從畫圓時的位置來看）在身體的前面。按照基本功的要領張開雙腳，腳各自擺在小圓的線上。

③如圖片所示，腰下降扭轉身體，雙手置於相反側的腰。

④沿著符咒圖的線扭轉身體，右手沿著虛線，左手沿著實線旋轉。

⑤這時，一邊旋轉手，一邊如圖片所示，以腳跟為軸，抬起一隻腳。

⑥雙手來到相反的腰際時，雙手再朝反方向繞回。這時也要以腳跟為軸，抬起單腳。一定要一邊看圖的軌跡一邊正確的進行。

呼吸法非常的獨特，感覺好像短式與長式交互進行的方法。具體而言，就是手旋轉時由口中吐氣，當手來到腰際時用鼻子短暫吸氣。

使用這個圖形的訓練，較之先前普通型的摔甩更容易產生奇妙的現象。例如不僅感覺頭好像向上抬似的，同時感覺在自己的周圍好像有漩渦在打轉似的。產生這種現象時，就表示利用符咒圖的訓練已經成功了。

關於練氣功時所使用的符咒氣功法，已經為各位說明完了。從次章開始，將為各位談論超越這個境界的高深符咒氣功法。

第五章　符咒氣功法的高度技巧與應用秘術

符咒氣功法圖看起來好像浮上來似的秘傳技巧

通常，使用符咒氣功圖進行訓練一陣子之後，就會出現一種頗耐人尋味的現象。例如感覺到圖產生強烈的氣，好像壓力一般，或感覺被拉扯，或是感覺圖浮上來似的。

其中，前面兩項，光是訓練，不管是誰都會產生這種感覺，但是圖看起來好像浮上來似的現象，若是方法不適當則很難看得到。

持續累積的訓練卻看不到，的確會令人同情，所以在此特為無法辦到這一點的人述說幾項技巧。

但是並非說立刻就能夠辨得到。如果完全不建立基礎，而只是拼命的想辦到這一點，我個人並不贊同，至少要清楚氣的感覺，累積這些訓練，才可以繼續朝這個目標邁進。否則的話，就算看起來圖是浮上來的，卻無法得到很好的效果。

氣功法是將氣感覺化而進行的。如果不努力訓練是沒有用的。

我要為各位提醒的就是這一點，現在就為各位敍述一下使用浮上來的技巧。

❖訓練所使用圖的選擇方法

最初要使用訓練所使用的符咒圖，可以選擇你喜歡的圖……。雖是如此，但實際上仍有適合的訓練圖與不適合的訓練圖。

何者為適合的訓練圖呢？那就是由「太極圖形」所衍生而來的。而不適合的圖形，就是指一般由「符咒圖形」所衍生而來的。

符咒圖形系列，難道是如此無用的圖嗎？這種說法並不太正確，應該說是不適合這個的訓練，也就是說不適合使圖看起來會浮上來之訓練所使用的圖。除此之外，在其他的用途上都是非常好的工具。這一點各位一定要牢記在心。

簡單的說，二系統圖的差異如下：

●太極圖形系……容易出現視覺的超常現象。

●符咒圖形系……容易感覺氣的力量。

當然不管使用哪一種，其最終的結果都是相同的。也就是說，在基礎的階段上會產生這些差距。因此想要進行使圖浮上來的訓練之人，一定要使用太極圖形系列。

那麼什麼是太極圖形系列的圖呢？關於這一點，相信大家都已經知道了。像先前所介紹的開合、模魚、旋腕、旋掌、旋氣揉胸揉腹、單人粘頸，以及摔甩、捏球、揉球等都是。

其中特別適合初學者練習的，就是圖案簡單的開合、旋腕、旋掌等。其他的效果雖然也很大，但由於含有其他的要素，所以較難處理，故先從簡單的符咒圖開始進行訓練，等到技巧成熟之後，再嘗試其他的訓練。

訓練要分幾個階段來加以說明。

第一階段，使圖看起來像是浮上來的訓練。

第二階段，圖浮上來後用手掌將圖感覺化的訓練。

第三階段，使用感覺化的圖，熟悉符咒氣功法的訓練。

依序為各位說明，希望各位一定要按照各階段確實的前進。

■使圖看起來好像浮上來似的訓練法

①在開合、旋腕、旋掌等圖中，選擇其中一項貼在牆壁上，在此以旋腕為代表為各位敍述，理由就是圖和訓練都是符咒氣功法中最傳統式的。

②將圖貼於壁上，站在距離圖約三〇〇～四〇〇公厘處。

③與圖的距離慢慢的拉開，但是不要離得太遠，從各種角度一邊看圖一邊後退，如此一來，就可以發現到看起來圖好像是浮上來似的位置。

當然，若是無法發現時，則可以朝斜方向，也就是說靠向左邊或右邊後退，一邊拉開距離，一邊改變位置凝視圖。

④以這樣的方式看圖。若要更為明確的話，就要以這個位置凝視二個橢圓形（虛線和實線構成的橢圓形），或者是釘住眼睛一直看，就會發現其中任何一個橢圓形（大都是實線橢圓形）會浮現到相當的高度。

到這個地步，第一階段終了，再進行以下的訓練。

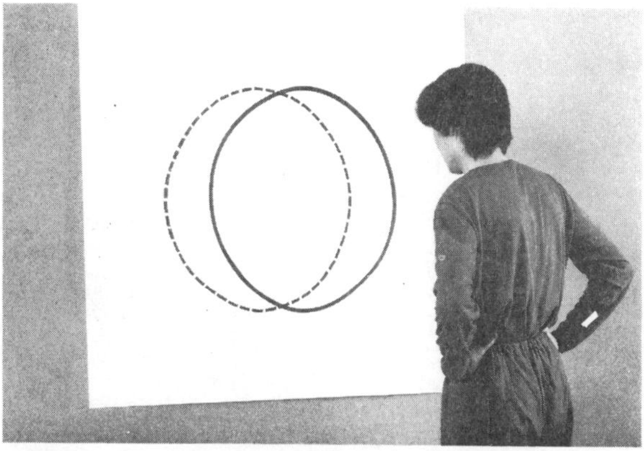

↑從各個角度一邊看圖一邊稍微向後退。

■利用手掌使浮上來的圖感覺化的訓練法

①首先將手掌照著圖，感覺圖產生的氣。

②雙手手掌朝前後慢慢的移動，同時慢慢前進到能夠看到圖浮在空中的場所，這時手掌仍要面對著圖。

③然後用自己的眼睛看，站在感覺圖好像浮上來似的位置，應該是感覺氣最為強烈的位置，然後停留在這個位置。

實在的說，先前的訓練有利用眼睛錯覺的一面，而到這個階段時，就不是這種情形了。為什麼呢?事實上氣的感覺和圖的浮現所感受到的位置是一致的。

當然，若有下列情形就不對了，就是感覺圖浮了上來，卻沒有感受到氣的感覺，這就是單方面眼睛的錯覺而已。在這種狀態下，即使再繼續訓練下去，也沒什麼意義。

若不進行最低限度的氣感覺化而進行此項訓練的人，只會徒勞無功，所以一定要注意。

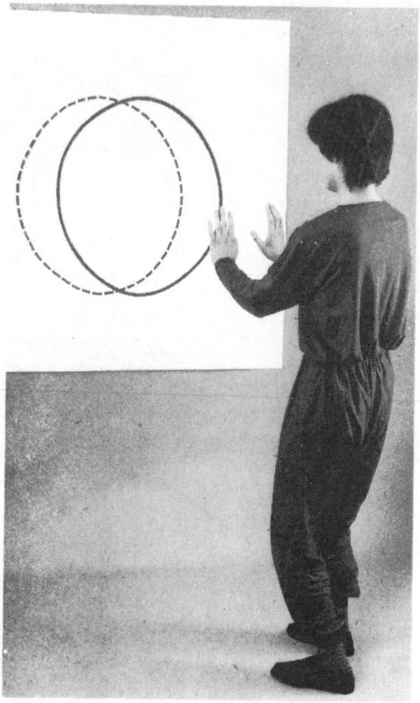

↑手掌面對圖，感受圖發出來的氣。稍微前進，站在感覺圖好像浮上來的位置，氣的感覺最強烈。

等到完成這一階段的訓練之後，再進行下一階段的訓練。

■使用感覺化圖進行氣功訓練法

①現在在你的手罩著的位置應該感覺圖浮上來了。當用手掌接觸到圖時，就能夠感受到強烈的氣。

②在這個狀態下，單手沿著軌跡移動，應該會有浮動及滑滑的感覺。有了這種明顯的感覺之後，移動雙手進行旋腕訓練。

這時大都會感覺到一邊的橢圓浮了上來（即使看起來浮了上來，位置也不同），不要管

↑感受到強烈氣時，單手沿著圖的軌跡移動。

這一點，只要將焦點集中在浮在眼前的橢圓上（重點置於單手），讓手旋轉。

③進行許多次以後，手掌感覺發黏或是有東西纏繞著，這就表示訓練完成了。

這時，甚至可以看到好像霧狀的煙出現。

等到利用一個符咒圖完成了這些階段之後，再使用別的圖形做同樣的嘗試。如果也做得很好的話，就可向加入各種複雜的線條圖或是摔甩圖等各種巨大的圖挑戰。相信在第一章所介紹各種奇妙的現象會陸續出現。

供各位參考，舉個例子說明在做這個訓練時發生的情形。

◈看起來像是浮上來的符咒圖

有一次，我讓剛開始學習符咒氣功的山田先生採用這個訓練方法。他學氣功只有半年，對於氣的感覺還算可以，當然對於符咒氣功而言，他是外行人，而到目前為止，即使使用這個圖讓他做訓練，他卻從未看過圖浮上來過。

有一天，他自己發牢騷的說：「我沒有辦法再提昇技術。」因此我教他這個訓練的方法，首先讓他從各種位置來看圖。

「你覺得怎麼樣呀？」我問他，「我什麼都看不到。」他回答。

「你變換位置再試試看。」我給他建議，就在這時候，

「咦！從這個位置感覺實線圖好像浮起來了。」他對我這麼說。從我這裡看起來像是距離圖一公尺的位置稍微靠向右斜面。

「你感覺到底浮上來多少程度呢？用手掌罩著圖，一直前進到這個位置吧！」在我這麼說時，他開始前進：「大概就在這個位置。」手掌罩著距離圖約五十公分處的位置。

「氣的強度能夠看到嗎？是比較強還是比較弱呢？」這時，他的手掌往前後移動，同時說：「還是感覺在圖浮上來的位置最強。」

「哦！那麼你的手就在這旋轉吧！」當我這麼說時，他回答我說「好的」。

持續了一陣子旋腕訓練之後，我問他的感覺如何呢？

「感覺手上好像有東西纏繞著，這東西且一層一層的流動過來似的。」他回答。

他學過氣功法，多少有一些氣的感覺，但是一次就能夠擁有這樣的成績，我真的是非常的佩服。若是其他的氣功法，則恐怕沒有辦法辦到這一點。所以我打心底佩服符咒氣功法的

效果。他後來也利用各種圖進行這項訓練，成為這方面的高手。

利用小圖就能夠練就符咒氣功法

符咒氣功，即使用非常小的圖進行訓練，也可以產生效果，使用這種迷你化的符咒氣功法時，不僅保管圖的空間變得袖珍化，同時不必選擇場所，就可以進行訓練。

這個迷你化符咒圖，依尺寸之不同有幾個階段，所以訓練方式也不同。

①A4～B5尺寸的迷你化符咒……利用A4～B5大小的紙畫上縮小的符咒氣功圖。使用這個圖時，要巧妙利用眼睛的錯覺進行訓練，該如何做呢？就是將迷你符咒圖和原尺寸圖排列在一起，站在迷你圖看起來好像與實物同樣大小的距離進行訓練。

大部分的符咒圖都可以藉此進行訓練，但是有的卻無法辦到。例如，捽甩等，因為那是站在圖上的訓練，所以即使是使用迷你圖，也無法利用眼睛的錯覺。關於這一點，則必須別的方法，例如，想像法來進行訓練。

②超迷你（定期票、手册）尺寸……這是極度縮小的迷你化符咒氣功圖，使用技巧並不是用眼睛錯覺而是利用想像法，到底有多小呢？就是定期票或者是手册的大小而已。如果你的眼睛能夠看清楚圖的話，再小一點也無妨。

訓練分為二種，詳細的情形在說明作法時為各位敍述。

③**中間的圖形**……具有二者的特徵，訓練方法與想像法具共通性，在此不再列舉，因為它屬於兩者之中的任何一種。

經由以上的敍述，相信大家都已大致瞭解到迷你化符咒氣功的概念。其次為各位敍述詳細的情形。

■使用迷你化符咒氣功圖訓練法

圖的畫法，先前已詳細說明過，在此不再重複。為了便於收藏，因此尺寸較原尺寸更小（十分之一左右）就可以了，接下來僅介紹訓練的方法。

①將實物大的圖與迷你圖（在此選擇是旋腕圖）在距離二公尺處貼在牆壁上。

②站在迷你化符咒圖的正前方，看圖片各位就可以瞭解，與原尺寸圖相比，的確是非常的小，一邊看圖且一邊拉開距離。

③其次是站在實物大的圖前方，仍然是一邊看圖一邊拉開距離。

④再次站在迷你化符咒圖前方，進行先前的動作並重複很多次。

⑤能夠掌握距離之後，就會發現到某一個地方看起來兩張圖是同樣的大小。

例如，原尺寸圖為五～六公尺，迷你化圖在距離1公尺處會覺得圖的大小大致相同（事實上需要更長的距離）。

⑥算出這個距離之後，對於原尺寸圖進行練氣功的訓練，充分掌握氣的感覺。出現與先

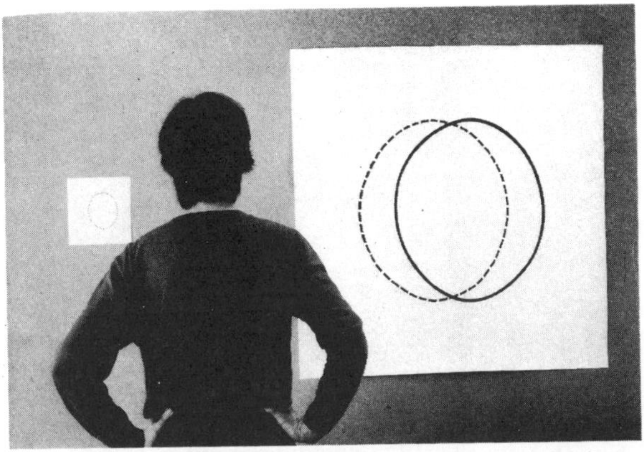

↑實物大的圖與迷你圖距離2公尺貼於壁上，凝視圖。

前完全相同的效果後，再使用迷你化氣功圖進行訓練。

若出現同樣的效果，就表示訓練成功，如果不行的話，就表示基本的符咒氣功法訓練不夠，必須要再回到前面重新進行氣的感覺化訓練。

⑦利用迷你化符咒圖進行訓練，如果與使用原尺寸圖時出現同樣的效果的話，就可用其他的圖來嘗試。如果利用所有的圖都可以做得很好，那麼可以在到達極限之前利用迷你化符咒圖，甚至不用圖就可以進行訓練了。

◈到達極限之前的小迷你化符咒圖的畫法

到達極限之前的迷你化符咒氣功圖，大致如定期票的大小，或者是比它更小的圖。所謂「到達極限之前的迷你化符咒氣功圖」，也許名稱稍長了些，因此，我就以「超迷你化符咒圖」來稱呼它。

要製作的話，需要非常細的筆，畫的方法就好像普通的紙上所使用符咒圖一樣，也就是說畫法非常的簡單，為各位說明具體的技巧如下。

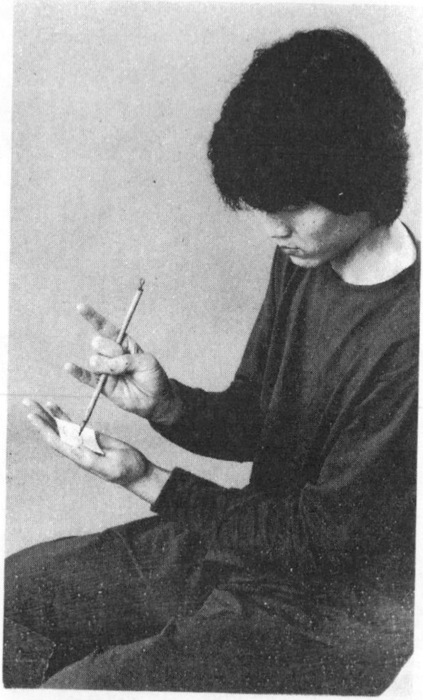

↑用細筆畫迷你化符咒。若使用硬紙的話，可以如圖片所示，將紙放在左手，握住符咒圖用的筆來畫圖。

①將紙放在桌上，按照畫符咒的要領拿著筆，一邊輸入氣，一邊畫圖（這裡選擇的是旋腕圖）。圖畫得不好的人，可先畫草圖，然後再上墨。尺寸要觀察紙的比例，可用尺寸圖來算出。

②畫完之後，按照第二章介紹的方法，沿著線輸入氣。

③用比較硬的紙的話，用左手（慣用右手者）就可支撐。因此，如右圖所示，紙攤在手掌上畫符咒圖也可以。

繪圖完成後進行以下的訓練。

■超迷你化符咒的訓練法

Ａ４、Ｂ５等小紙和原尺寸圖並排在一起，利用眼睛的錯覺狀態就能夠進行訓練。但如果是超迷你化符咒圖，就沒有辦法辦到了。

因為能夠收藏在手中，若是貼在牆壁上而距離數公尺遠的話，由於圖太小，即使眼睛好的人，恐怕也很難辨識圖案……。所以就算是想要與原尺寸圖排列在一起，利用眼睛的錯覺進行訓練，也是不可能的。

超迷你圖必須要使用完全不同的道具和技巧。

首先，使用的道具是不貼任何東西的牆壁。當然要使用超迷你符咒圖。圖不可以摺得歪七扭八的，可以放在透明的塑膠盒內收藏。另外要準備桌子及椅背較高的椅子。

①超迷你符咒圖塞在胸前的口袋或放在桌上，使用桌子時，為了避免妨礙氣功法的動作，因此要和身體保持某種程度的距離。

②從胸前口袋取出迷你化符咒圖，用手拿著並凝視圖，充分凝視圖之後，再凝視牆壁，然後再凝視圖，俟充分凝視圖之後再凝視牆壁，如此重複進行若干次，藉著眼睛的殘像現象，使得牆壁上好像有圖出現，一直無法消失。

③其次在牆壁上貼上原尺寸圖，算出能夠看出來與迷你符咒圖同樣大小的距離。算出來以後，再將原尺寸圖從牆壁上撕下來，站在這兒進行訓練。

←手上拿著迷你化符咒圖一直凝視。然後凝視牆壁，藉著殘像現象看起來圖好像出現在牆壁似的進行訓練。

↓藉著殘像能夠看清圖之後，面對圖做動作。如果產生氣的感覺，則表示訓練完成。

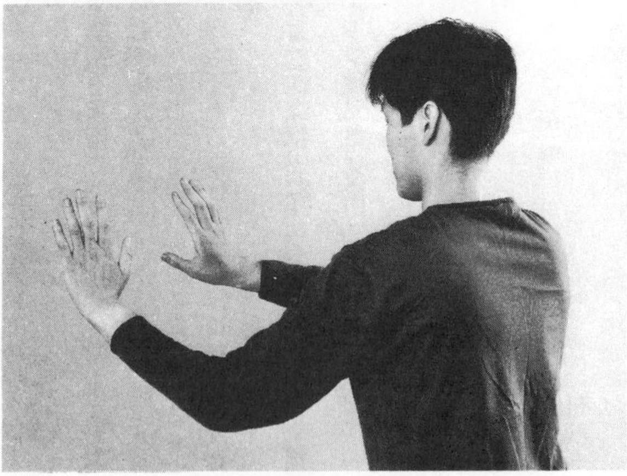

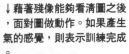

④持續進行超迷你符咒氣功圖的殘像訓練時，光是看牆壁就似乎可以看到圖似的。到這個地步以後，就可以進行使用殘像的氣功法訓練。該如何做呢?就是站在可以看得到圖的牆壁前面，面對著圖作動作。

⑤這時，如果其有原尺寸圖訓練時的效果，也就是感覺到強烈的氣放射出來，或者刺痛的感覺，就表示這個訓練完成了，可以進行到下一個階段。

⑥最後則利用想像法進行氣功訓練。這和稍後為各位介紹利用想像法的符咒氣功法技巧完全相同。

該如何做才好呢?一邊看超迷你化符咒圖，在心中想像自己訓練符咒氣功的樣子。到目前為止，進行訓練的人應該發現到，即使沒有實際進行過氣功法，但至少身體也已經保持了能夠進行訓練符咒氣功法的狀態。

⑦重複進行時，光看迷你化氣功法圖，身體就能產生效果。到這個地步時，躺在沙發上或者是坐在搖晃的車上，即使沒有實際進行氣功法，也能產生氣功法的效果。

超迷你化符咒氣功非常的方便，但是一定要累積訓練才可以進行。

不使用符咒圖就發現驚人效果的想像符咒氣功法

迷你化符咒氣功法，是不使用原尺寸圖的氣功法，或者是沒有實行實際的氣功法就能產生效果的秘訣。而接下來介紹的想像氣功法，則是在其延長線上的技巧。

有兩種方法。一種是無圖法，也就是說完全不使用符咒圖而能產生符咒效果的技巧，另一種是色彩法，也就是想像畫在實際符咒圖上的各種色彩的形態，而產生符咒氣功效果的技巧。

首先由無圖法開始說明。

無圖法正如文字所敍述的，就是不使用圖而產生符咒氣功效果的技巧。由於並沒有使用實際的圖，當然也就不需要任何畫圖的技巧。

因此，只要為各位說明訓練的技巧就足夠了……。但是在最初的階段，為了讓各位能夠好好的想像，所以還是使用實際的圖（借用到目前為止的圖）。

等到累計訓練到相當程度以後，實際上不需要圖就能夠真正進行無圖法的訓練了。

■利用想像的無圖法訓練

①在牆壁上隨意貼符咒圖（在此選擇的是旋轉氣揉胸揉腹圖），當然是原尺寸圖。接著如後頁圖片所示，貼上與符咒圖大小完全相同的白紙。

②與圖保持一定的距離，旋氣揉胸揉腹時的距離為四〇〇～五〇〇公厘。

③站在原尺寸圖的前方，仔細的凝視圖以加強印象，然後進行動作。這時要牢記實際訓練時移動的尺寸（大小）。充分累計訓練的人，立刻就能辦得到。

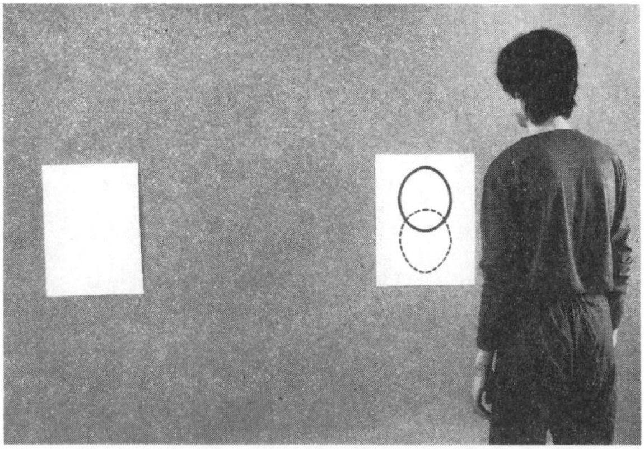

↑將與原尺寸大的符咒圖同樣大小的白紙貼於壁上。

④接著，站在白紙前，與紙的距離是和使用原尺寸圖時完全相同。這時要想像原先凝視的原尺寸圖投射在白紙上，或是用手罩住紙進行實際的訓練動作，較容易使想像再生。

⑤若只凝視一次的話，很難清晰再生，所以必須要重複許多次。到底要進行到何種程度較好呢？一直要實行到白紙上的印象完全不會消失為止。除了具有豐富想像力的人之外，一般人需要花費較多的時間。不要焦躁，而要每天反覆的進行。

⑥站在白紙前，光是想像圖，等到圖一直都無法消失的話，就要趕緊進行氣功法的訓練。也就是說，站在投射與白紙上的想像圖前方進行氣功法的動作。當然只有自己看得到圖，而別人看起來像是站在白紙前方做氣功法的動作。待持續一陣子之後，就能產生與使用實際圖時同樣的效果。

⑦在尚未習慣前，為了容易投射想像，則要使用與

原尺寸完全相同尺寸的白紙。俟習慣以後，則什麽都不貼，直接面對牆壁想像符咒圖。到達這個地步時，隨時隨地都能夠進行無圖的訓練。

此外，再為各位介紹當成想像法輔助訓練的技巧。即使進行想像法也無法產生效果的人，也可以嘗試一下。

■利用殘像的無圖法訓練

①首先在牆上貼上原尺寸圖以及白紙，和想像法的情形完全相同，貼好以後離開牆壁，一直後退到移動眼睛時兩張紙能夠交互進入眼簾的距離。因人而異，各有不同，不過大約是在兩張圖中間部距離二～三公尺處。

②決定好站立場所以後，凝視原尺寸圖，讓圖清晰的印在眼中，然後再看白紙。若要能看到殘像的話，必須要持續凝視紙，直到殘像消失為止。消失之後，再凝視原尺寸圖，使印象深印在腦海中，然後再看白紙。

在短時間內看原尺寸圖、白紙、原尺寸圖、白紙……可以交互凝視，如此則較容易留下殘像。但是眼睛卻會非常的疲累，因此我不建議各位採這種方法。

③然後與想像法的技巧完全相同的，也就是在白紙上看到圖的印象如果一直不會消失的話，那麽在接近到利用原尺寸圖時的距離為止進行符咒氣功法的訓練。詳情請參照想像法。

總之，熟悉了利用無圖法的想像符咒氣功法之後，再接著進行色彩法訓練。

■利用色彩形態的效果擴大法

先前敍述無圖法的技巧，想像本身，只要借用第三、四章所畫的原尺寸圖的形態即可，所以訓練起來非常容易。

而與此相比，色彩法在使用想像方面與原尺寸圖完全相同，可是圖必須想像成與原尺寸圖完全不同的顏色，或是在圖上的好幾種顏色，所以非常的麻煩。

假設要做這樣的原尺寸圖時，成為圖的對象的顏色，為了對每個圖案都具有暴發性的廣大範圍，因此，要全部描繪出來應該是不可能的。

所以如果不使用想像法的話，是沒有辦法進行這項訓練。

色彩法的確有很多麻煩的部分，但所獲得的效果也是非常大，值得一試。技巧成熟到某種程度以後，不僅能夠自由自在的控制自己的肉體和精神狀態，也能夠使用這種力量控制他人。

❖色彩形態訓練的道具

實行色彩法時需要兩種道具，一種就是擁有許多顏色的書，也就是色彩圖（正式名稱為色彩表或色彩本）。另外一種就是符咒氣功圖。

色彩圖在販賣美術用品店中都有，收集了一些具有代表性的顏色，甚至連中間色都呈格子狀排列，有的則製成卡片加以使用，價格大小與顏色都不同，要使用哪一種，由自己決定較好。

此外，在前著《仙道術遁甲法》中，敍述遁甲符咒所使用色彩盤的附錄（十二神色彩盤、九星色彩盤），也可以加以利用，非常的方便。尤其是九星色彩盤，在這項訓練時可以利用。

其次，再稍加說明一下符咒氣功圖。這時與無圖法相同，可以直接使用第三、四章所畫的圖進行訓練，但是直接使用還是有困難之處。因為其線所畫的是黑色，因此因人而異，在線的部分要想像成別的顏色會很困難，若要避免這種情形，最好去除黑色的部分，製做成上圖，而想像中間去除部分的顏色。

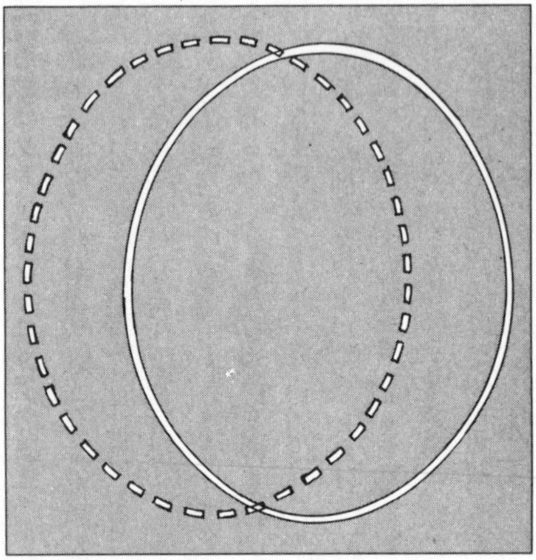

↑去除符咒圖中的線，想像成顏色。

還有另外一個好方法，就是利用先前的迷你化符咒圖的發想，將顏色不同的小符咒氣功圖做幾個出來，也就是做幾個小而富有色彩變化的圖（單色彩）。作好這些圖後，立刻可以運用在想像訓練中。但是連底色（背景色）都要是不同的，所以搭配組合的種類就會不斷的增加，若要全部做出來，則非常的麻煩。

最好的方法就是依賴想像，不必製作任何的圖。熟悉先前無圖法技巧的人，實行起來就不困難了，因此盡可能要實行這個方法。

當這兩種道具齊備之後，進行訓練，但是顏色具有很多的變化，開始時必須要有所取捨。那麼到底以何者為基準呢？在看色彩圖（色彩表）時，選擇最令你感覺到威力的顏色，若有二、三種的話，則選出其中最喜歡的顏色。

喜歡的顏色或感覺最強烈的顏色選出之後，就可以開始做訓練的準備，茲有以下三種方式：

第一種是將符咒圖和色彩圖貼於牆壁的方法。符咒圖是原尺寸圖，而色彩圖稍大。

第二種則是在牆壁上貼符咒圖而手上拿色彩圖的方法。符咒圖為原尺寸圖，色彩圖則可以縮小到收藏在手上的尺寸。

第三種則是單手拿著迷你化符咒圖，另一隻手拿著色彩圖的方法。兩者都很小，是蠻不錯的方法。

到底採哪一種方法較好呢？必須以你所擁有的道具來決定。一九七頁的圖片是使用第二種方法。

■色彩想像訓練的第一階段

①首先凝視貼在牆上的原尺寸圖（圖片選擇的是旋腕圖），因人而異，有的只要略為凝

視即可。

②閉上眼睛想像圖，利用眼睛的殘像效果，在其尚未消失之前使其印象化。若印象消失的話，就必須要重複訓練，直到不會消失為止。到這個階段為止，就是先前無圖法的持續訓練。

③等到印象穩固之後，再凝視手上拿的或是貼在牆壁上的色彩圖。因人而異，有的只要略為凝視即可。看一下顏色，再看一下貼在牆壁上的原尺寸圖，然後想像在圖上線的位置的顏色。

或者是看符咒圖，用心中想像，然後再看顏色，只想像符咒圖線的部分的顏色即可。

④接著與③相反的線成為白色，也就是白紙的狀態（與先前去除黑線的做法相同），底色也就是背景部分全都以顏色來想像。

⑤這個「線是一種顏色，背景為白色」「線是白色，背景是另一種顏色」，這種對比狀態在心中交互出現。

⑥等到一個顏色完全熟悉之後，再選擇別的顏色。這時不要選擇接近的顏色，而要選擇極端不同的顏色，也就是要選擇補色等，效果會更明顯。

⑦一開始時可以利用單色進行線和背景的對比想像，習慣以後，則可想像補色，例如「線為紅色，背景為綠色」，其次是「線為綠色，背景為紅色」，交互想像即可。

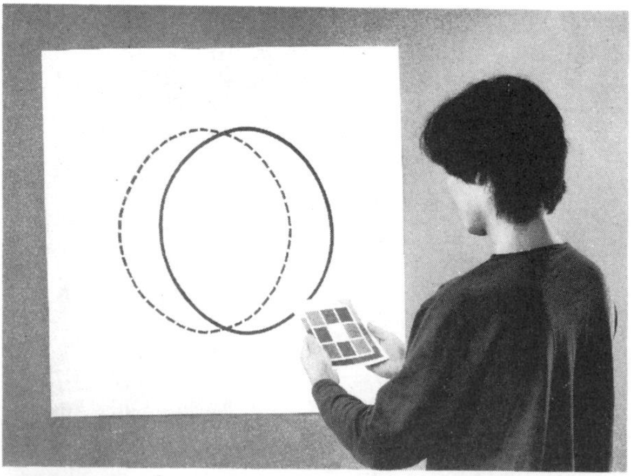

↑凝視貼於牆壁上的符咒圖，然後看著手邊的色彩圖想像顏色。開始時想像符咒圖線的部分為顏色，能夠辦到這一點之後，再將背景當成有色背景，線為白色。
←方便的色彩圖是『仙道術遁甲法』之附錄所附帶的色彩盤，很適合用來進行色彩形態的訓練。

⑧進行這些訓練時，自己本身的氣的狀態或精神狀態就會產生顯著的變化。依顏色的不同，有時全身發冷，有時全身發熱，或者覺得心情非常的興奮或憂鬱……。也就是藉由顏色的想像，使身體和心理的狀態產生很大的變化。當然氣的力量也會因顏色的變化而連續出現強或弱的反應……。會出現以往訓練完全無法比擬的明顯效果。

■色彩想像訓練的第二階段

在這個訓練的第一階段，就能展現出訓練的效果。但是完成之後，最好也嘗試第二階段，就會產生有趣的效果。

①色彩法第一階段完成之後，將白紙貼在牆壁上凝視，或是什麼都不貼而凝望牆壁。對於符咒氣功圖的尺寸尚無法掌握的人，也以在側面貼上原尺寸圖，使用原尺寸圖進行訓練時，要將移動的尺寸算出來。

②接著想像符咒圖在白紙（或牆壁）上，當想像圖明顯出現時，接著想像「線為有色（任何色皆可），背景為白色」，並在其前方做氣功法的動作。

③接著顏色呈相反狀態（線為白色，背景為有色），做同樣的氣功法動作。

④利用補色（以先前所述，紅色的補色為綠色）進行同樣的訓練，也就是利用不同的顏色進行③④的訓練。

⑤最後，兩者的顏色都出現過後，再次進行氣功法的訓練。

如此一來，每當顏色改變時或者是形成相反狀態時，會產生更為劇烈的肉體或是精神的變化，尤其是以雙色來進行時，或是利用許多顏色來進行時，會產生令人難以置信的強烈效果，這都是我們經由體驗而得知的事實。

首先，就是周圍的東西完全消失，整個周圍會變成同一色。而在短暫時間內反覆進行補色、相反色的訓練時，就好像站在水銀燈下似的，圍繞在自己周圍的色彩世界（水中的想像）不斷產生變化，這種強烈的體驗令人眩目。

就好像一個咒術世界一樣，已經完全脫離了氣功法的範圍。當然到了這個地步，的確是非常的驚人，但是還是具有一試的價值，希望各位一定要訓練到這個地步。

使用仙道瞑想圖練就內功

到目前所介紹的各種符咒氣功的訓練，很容易產生各種神奇的現象。接下來為各位敘述的是使用瞑想布盤的小周天（氣在體內繞行一周的訓練），兩者相比，這個神奇的現象根本不是問題。為什麼呢?因為使用這個瞑想布盤時，不必實行普通的仙道，就能夠達到小周天的境界。

但是並不是說與第三章、第四章所介紹的訓練完全無關，仍然還是要先進行第三章、第四章的訓練，至少要完全瞭解氣的感覺之後再進行這項挑戰。當然已充分瞭解本書以外的氣功法或氣開發法的人，也可以一開始就進行這一個階段。

現在希望各位能夠打開本書卷末一頁的瞑想布盤縮小圖。

凝視這個圖，在圖的正中央畫著一個側坐的人體圖，左側有大大小小的橢圓依序排列著，右側則是重疊橢圓的集合體，畫出漩渦及小圓等。

請仔細看這張人體圖，上面有一些小的圓圈或是連接小圓的粗線，還有圍繞圓圈的虛線圓圈以及箭頭記號。

這個連接圓圈與圓圈的線，就是小周天的路線，以經絡學而言，就是任脈（身體前面）與督脈（身體後面）。

小圓圈的部分是止氣進行各種操作的重點，仙道稱之為竅。而圓圈旁邊所繪的各種記號（箭頭或虛線圓圈），則表示在此處的操作法。記號只是象徵性的，按照想像做出指定的動作，如此一來就能夠進行這個部分的內功訓練。

內功只不過是想像訓練用的輔助教材而已，是為了一邊看教材一邊下意識的在自己體內進行對應操作（可以稱為訓練）的工具而已。

而利用在符咒氣功法（以仙道而言並非內功而相當於外功）時，就必須要換一個說法了。按照普通氣功法的要領，指尖只是對著圖移動而已。這時，自己的體內就能發生陽氣，隨著手指的移動，最後就能夠完成困難的小周天。就好像操縱電子控制的機器人操作盤似的，令人感到非常神奇。

進行訓練時，要使用如圖所示的原尺寸瞑想布盤，但因為是正式圖，所以對符咒氣功之小周天而言，不需要的東西也畫在上面。例如左右的漩渦等，全都是實際內功的意識集中時所使用的，在練習符咒氣功時不需要使用（當然並非說不可以使用）。

基於這個理由，如果自己要製作的話，可以畫省略這些東西的簡圖。即使覺得麻煩的人，利用簡圖時也會覺得很方便，可以利用附圖瞑想布盤。在此只說明畫法，有興趣的人可以畫一畫。

◈瞑想布圖的簡圖畫法（材料＝橫一〇〇〇公厘×縱一二〇〇公厘以上的紙或布、細筆、墨汁或是1～2公厘粗的簽字筆）**二三二頁**

瞑想布盤與普通的符咒圖不同，畫圖的方法並不繁瑣，理由就是以應用法而言，訓練的人已經充分的擁有氣的力量，或者是領略對氣的感覺，因此只要在圖完成將氣注入即可，使用簽字筆繪圖也行。

①開始時整體的高度為一〇六〇公厘，在畫的時候，頭部、軀幹（胸、腰到腹部為止）、交疊的腳部＋臀部等三個部份，要簡單的畫出並加以區分。

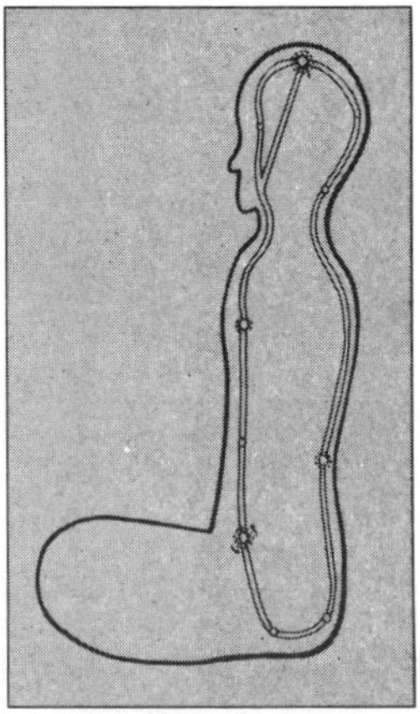

＜瞑想布盤的簡圖＞

②頭部縱三〇〇公厘，首先要算出這個部分的尺寸，從頭頂到眼睛為止縱一五五公厘、橫二三〇公厘，從頭頂到鼻子為止縱二二〇公厘、橫二〇〇公厘，最後是下顎處距離頭頂縱三〇〇公厘、橫一五五公厘，喉嚨處寬一三〇公厘。

③將這些點相連，畫出如圖所示的臉型，因為不是符咒圖，所以和原圖有一些差距也不要緊。

④接著畫軀幹，尺寸大小如下：胸的部分從頭頂算起縱五〇〇公厘、橫（寬）二四〇公厘，腰的部分從頭頂算起縱七二〇公厘、橫（寬）二一〇公厘，與交疊的腳的接點部距頭頂縱八五〇公厘、橫二五〇公厘，將各點相連，畫出軀幹部。

⑤交疊之腳的位置以及腰部以下的部分也要畫出。首先畫出最底端的部分。這有兩個部位，其一是相當於腳最底端的部分由頭頂部計算縱一〇六〇公厘，另一是在臀部最底端的部分距離頭頂部一〇四〇公厘。

只要計算出來就很簡單了。包括腳和腰的長度（橫）為五七〇公厘，大腿最粗的部分縱二二〇公厘，與腹部接合的部分縱二一〇公厘。將這些點相連，畫出腳和臀部的部分。

⑥最後畫出竅和任脈、督脈以及象徵的記號，尺寸如下：

●竅（小圓圈）……較大者直徑十八～二十公厘，較小者十五公厘。

●任脈、督脈（氣的通道）……寬十公厘。

●象徵記號（虛線部分）……寬五公厘。

●象徵記號（箭頭部分）……直線長二十公厘、曲線長二十五公厘。

此外先前也說過，簡圖不必像正式圖一樣的畫出左右的漩渦來。

⑦以以上的草圖為基礎，用筆或是簽字筆再畫一次，按照符咒上墨的要領上墨，但是因為情況的不同，在一切結束之後，按照第二章所介紹的方法注入氣來增強力量也可以，尤其是在利用簽字筆時更要這麼做。

圖完成之後，即進行實際的訓練。

■使用瞑想布盤的小周天訓練

進行訓練之前，希望各位至少要完全熟悉第四章所敍述的捏球、揉球動作。這是因為這兩個動作掌握了訓練成功的關鍵，能夠完全辦到的人，就可以進行小周天的訓練。

接下來進行訓練的說明。

◆**布盤的設置**……首先將瞑想布盤貼於牆壁上，如圖片所示，坐著的人物圖的臀部部分與地面平行，而使用副圖的人，利用先前迷你畫中所介紹的技巧，坐在圖和原尺寸看起來好像一樣的地方。

◆**坐法**……與畫在布盤中心的人物圖朝向同樣的方向斜坐著，如果是面對面坐著，則面對圖的象徵記號沒有辦法巧妙移動手。

◆**指示記號的意義**……圖上所畫的圓圈周圍的指示記號（畫著箭頭和虛線的圓圈）的意義，一一為各位來說明，藉此來進行各種技巧。

●虛線……按照捏球或是揉球的要領，輕輕移動手（手指）。在虛線重疊處要強力的移動手指，若只有一個的話，則輕輕的移動手指。

●縱的箭頭記號（上下有箭頭記號）……手或手指上下移動，進行時可使用捏球動作。

●橫的箭頭記號（曲線帶有箭頭者）……好像雙手包住什麼東西的形態旋轉，使用揉球動作也可以。

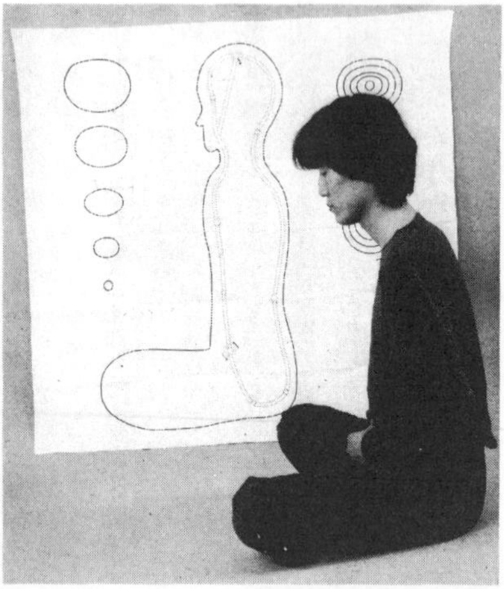

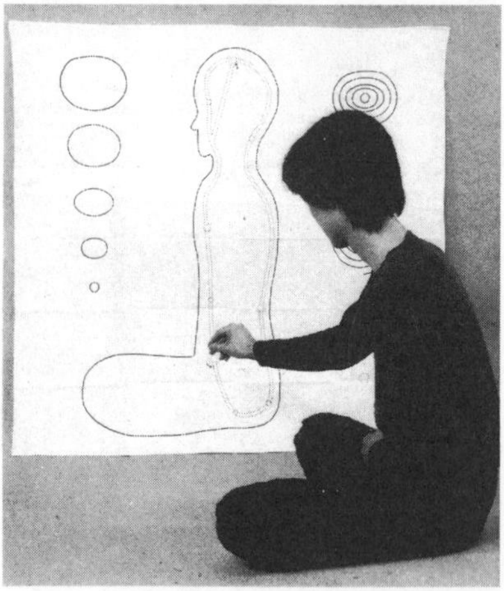

↑（上）遁甲布盤貼於牆壁，坐在稍微斜面的位置。（下）按照圖的指示記號，利用圖的各點，輕輕的移動手（手指）。

沒有附帶這些記號的圓圈部分，若沒有特別指定的話，不必做任何動作。

◆**氣的感覺**……進行這項訓練時與圖無關，在自己的腹中應該會有一些感覺出現。反覆進行同樣的訓練，會漸漸感覺愈來愈清晰了。

最後與手的動作完全相同的感覺會出現在下腹部，這就表示訓練成功了。然後每天持續，感覺也會不斷增強，這時並非是藉由想像等強烈感受到氣，而是下腹部用力時，如圖所示，手不斷在那兒移動著。

◆**陽氣的發生**……這時下腹部感覺好像承受壓力一般，同時也感覺發熱，使用手指產生強烈的感覺，按照圖的管道，氣會朝著最下方的圓圈移動，這就是仙道所稱的會陰。

◆**陽氣的運行**……與圖對應的自己體內的場所，會產生明顯的氣流通感，這時手要沿著圖一直到達骶骨的圓圈處。

在還沒有到達骶骨之前會產生相當大的抵抗感，最初很多人都會感覺到抵抗感，同時也意味著自己體內發出的氣較弱，這時雙手要做不同的動作。

右手罩在圖的骶骨，左手罩在丹田處，按照捏球的要領不斷的練氣，當然只要做出這個動作就可以了。

這時，就會感覺自己身體的骶骨部分出現奇怪的感覺，覺得自己肉體的骶骨部分好像有東西在爬似的。

當氣的感覺增強時會感覺發熱，也突然會有一種奇妙的感覺。

如果這樣做還是無法感覺到體內的氣時，則如左圖所示，在丹田與骶骨之間的通道處用手指往返好幾次，這樣就能明顯的產生氣的感覺了。

◆通往督脈的陽氣運行……奇妙的感覺通過骶骨上升之後，在腰部分的圓圈部分也進行同樣的訓練。

進行之後，感覺腰部部分的氣愈來愈強，當超越某一界限時，就會不斷上升。

然後在頸部後方附近可能會停止，這時再做捏球的動作，氣的感覺會更增強，一直上衝

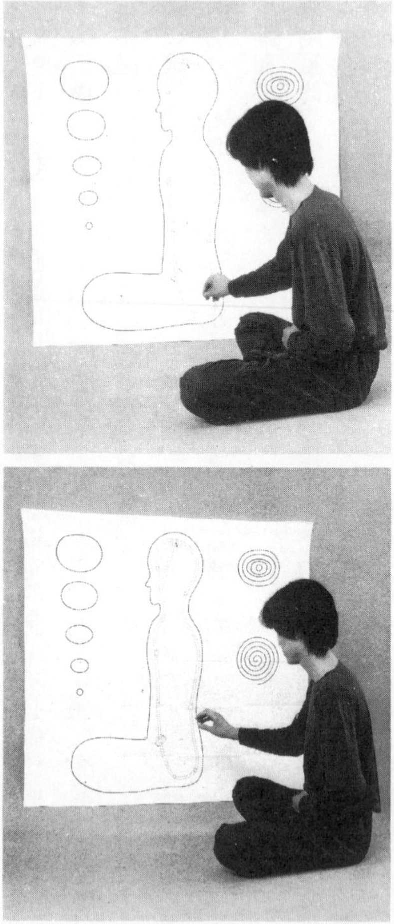

↑（上）無法產生氣的感覺的人，要用手指在丹田和鼻骨之間的通道上往返好幾次。
（下）在腰的指示記號部分不斷凝聚氣。

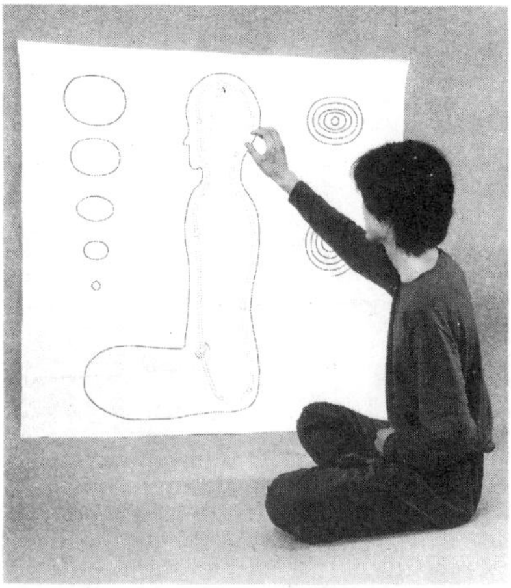

↑氣在頸部後方停止的情形較多出現，這時只要一直進行揑球動作即可。

到頭頂的圓圈（稱為泥丸）。

在這方面感覺不強的人，與先前同樣的，在這個通道上，要用手指反覆往來好幾次。

◆在泥丸的陽氣溫養……當氣的感覺到達頭中時，暫時讓感覺在此停住，然後再以比先前更為柔軟的感覺移動手指（箭頭所代表的意義）。

感覺非常的輕柔，最後自己頭中氣的感覺會變成其他的感覺，出現涼颼颼的感覺時，就表示訓練成功了。

◆甘露的發生……然後再沿著管道，朝斜方向通過口或額頭到達口，手指移動到自己喜歡的地方，引導氣的感覺，如果一次做不到，則要做好幾次。

這時，自己的體內就會有獨特的感覺降到口中，真正做得到的人，口中會發生感覺甘甜的唾液，這就是仙道所稱的甘露。

從口開始，手指移動到圖之胸的部位，使氣的感覺下降，這樣一來，在自己身體的對應部分就會產生感覺。

◆中溫養與通往丹田的陽氣歸還……來到胸的位置（在胸位置的圓圈稱為膻中）時，要按照指示記號移動手。

假設腰到胸之間氣的感覺停滯或消失，則手要回到先前的骶骨處或丹田處，再做揑球的動作。如此一來，氣就能夠很順暢的流到胸的位置。

總之，不要只是讓氣流到指示的記號處，要仔細進行揑球（或開合）的動作。氣的感覺不強烈的人，可以握著揑球的球在圖的圓圈處不斷的揑球，如此手會發生強烈的感覺，同時身體的對應場所也會出現這種狀態。

接著，在胸的位置進行漩渦狀的手之移動，也會產生有趣的效果。事實上，內功的小周天在胸的位置會很快的開發出漩渦狀的感覺，而練習符咒氣功也會有同樣的效果。

在胸部進行揑球動作，產生漩渦狀的感覺以後，再回到丹田，如此氣的一周，也就是小周天便完成了。

到目前為止，凡經充分練習的人，在一開始就會有相當清楚的感覺，但是練習不足的人，可能只有微弱的感覺，因為要重複練習好多次。關於效果方面，幾乎許多的仙道家、氣功家、符咒師等都沒有察覺到這一點，但是對我而言，這真是不可思議的現象。

符咒氣功法還有許多很好的應用法，但是在此礙於篇幅，無法詳加敍述，只好暫時擱筆。由衷的希望各位能夠利用這個符咒氣功，進入一個大家都沒有察覺到的神奇世界。

全尺寸圖集

仙道符咒氣功法——附錄

●尺寸圖目錄

基本功—正式圖

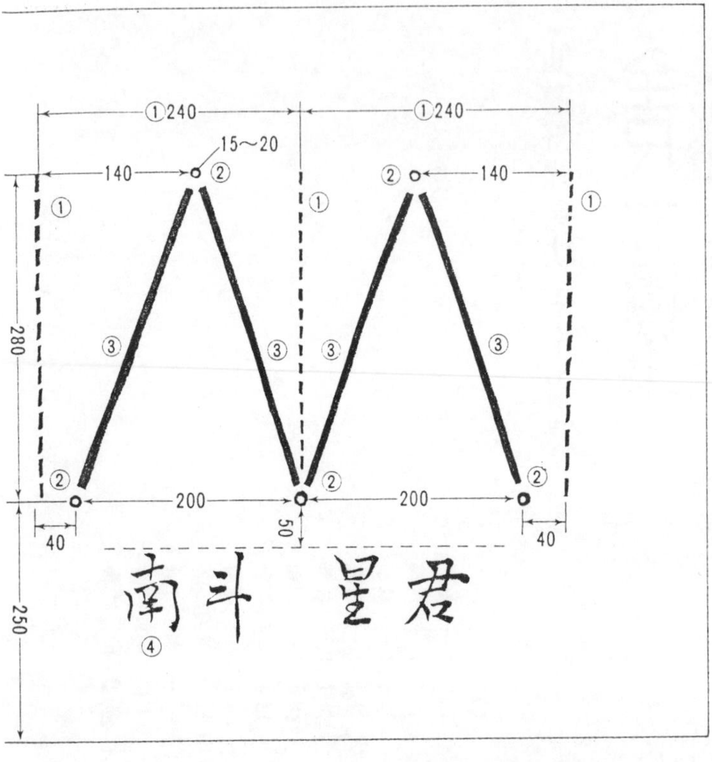

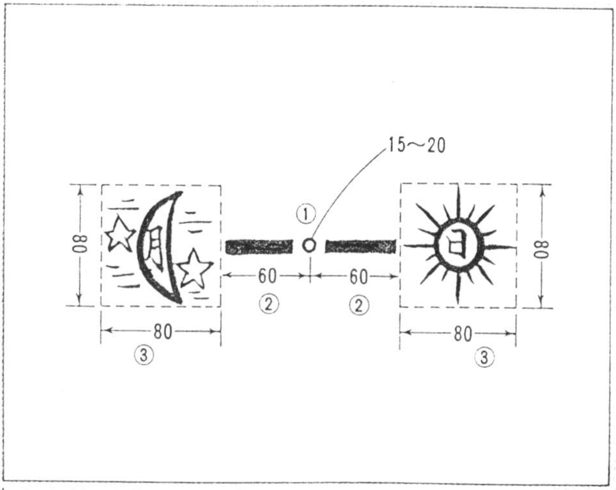

左右的頸功——正式圖

左右的頸功——略圖

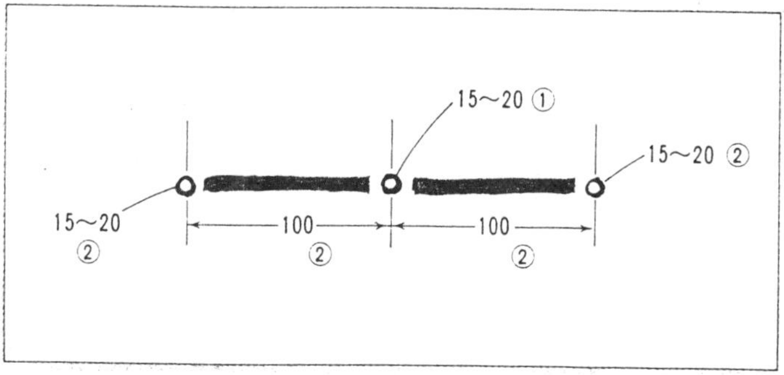

後方頸功——正式圖

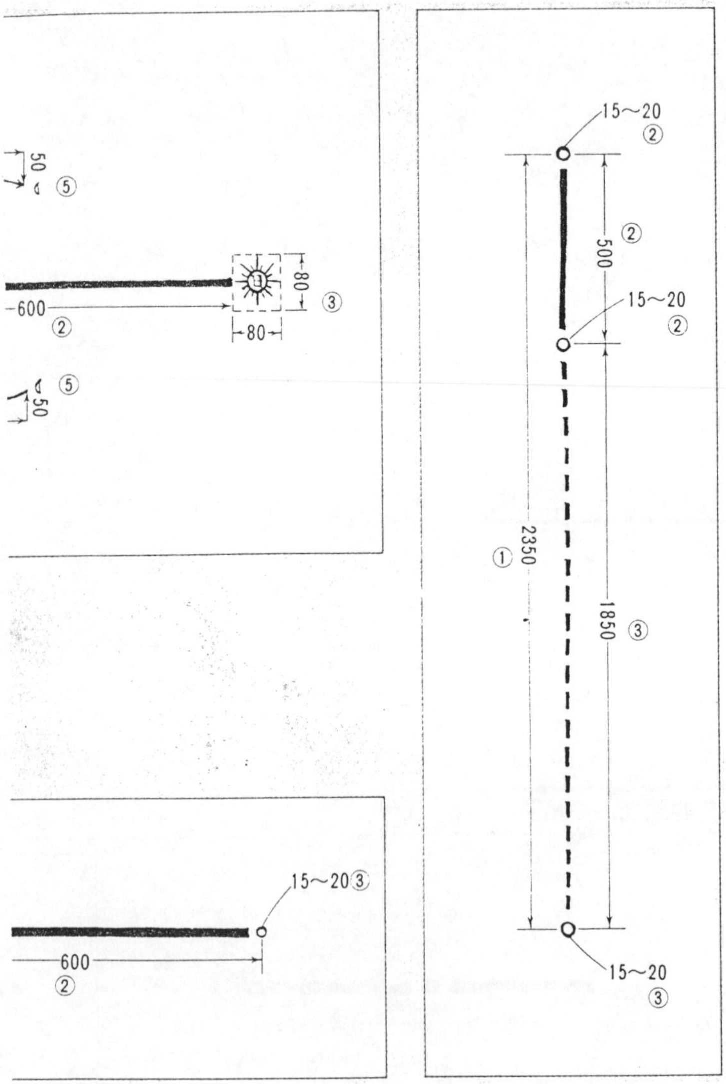
50
⑤
80
③
600
②
80
⑤
50
15～20③
600
②
15～20
②
500
②
15～20
②
2350
①
1850
③
15～20
③

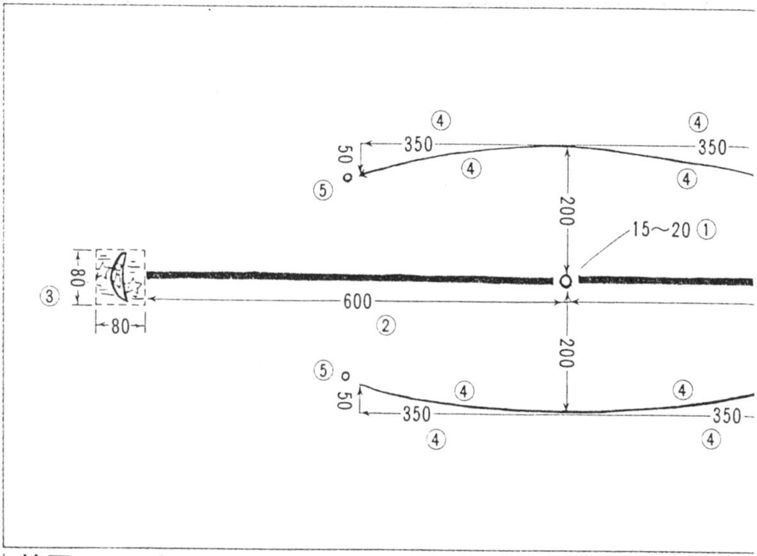
④
④
350
350
50
⑤
④
④
200
15～20 ①
80
③
600
②
80
200
⑤
50
④
④
350
350
④
④

轉腰——正式圖

轉腰——略圖

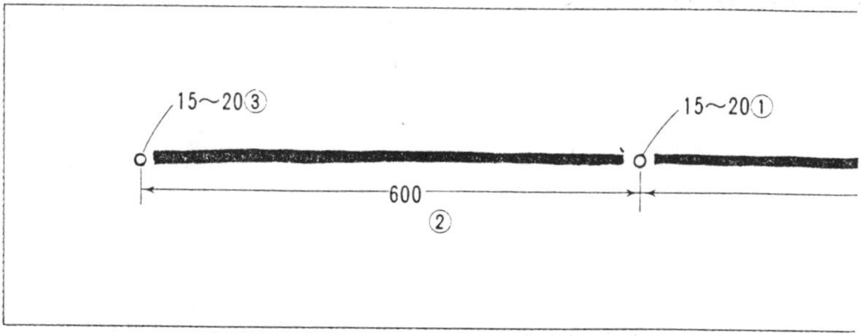
15～20③
15～20①
600
②

踮腳—正式圖

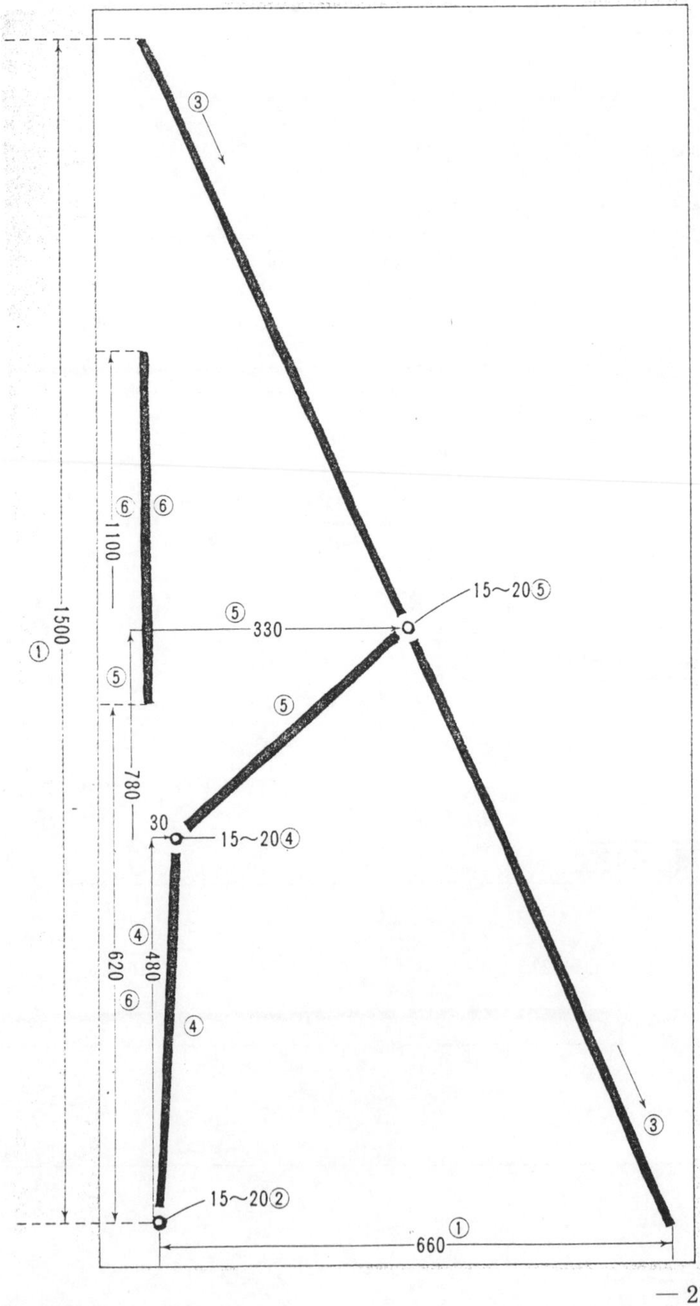
③
1500
①
1100
⑥
⑥
⑤
330
15～20⑤
⑤
⑤
780
30
15～20④
④
480
620
⑥
④
③
15～20②
①
660

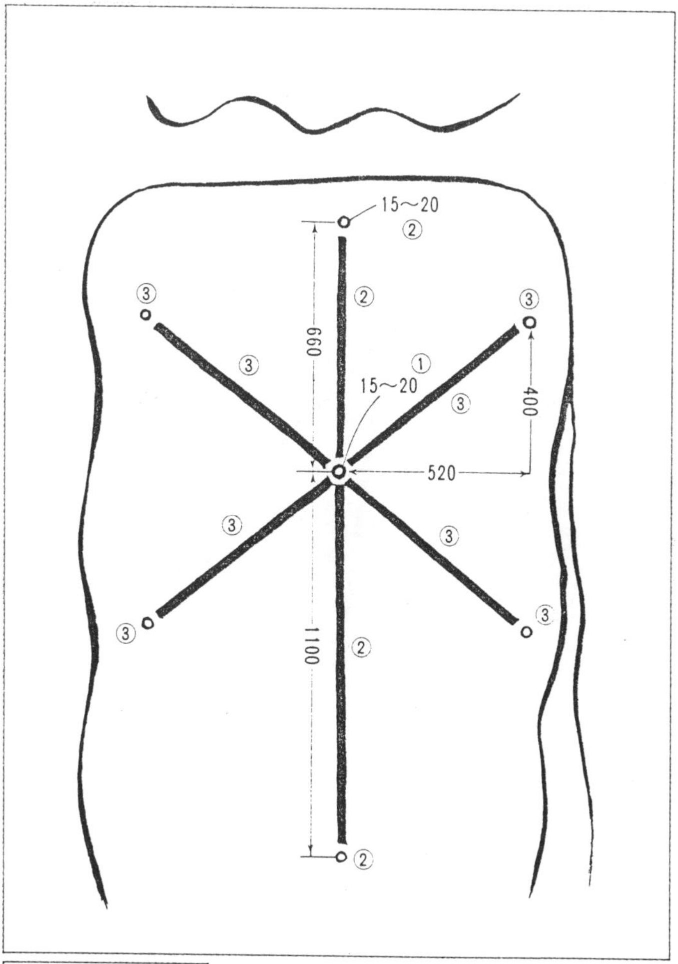

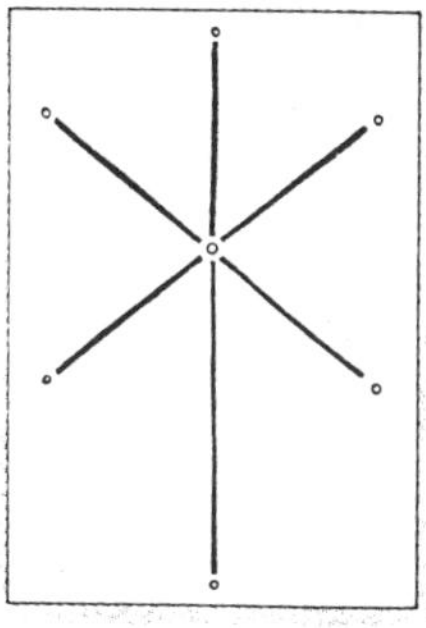

←簡圖是省略正式圖周邊的自由曲線而繪成的，尺寸參照正式圖。

抱膝—正式圖

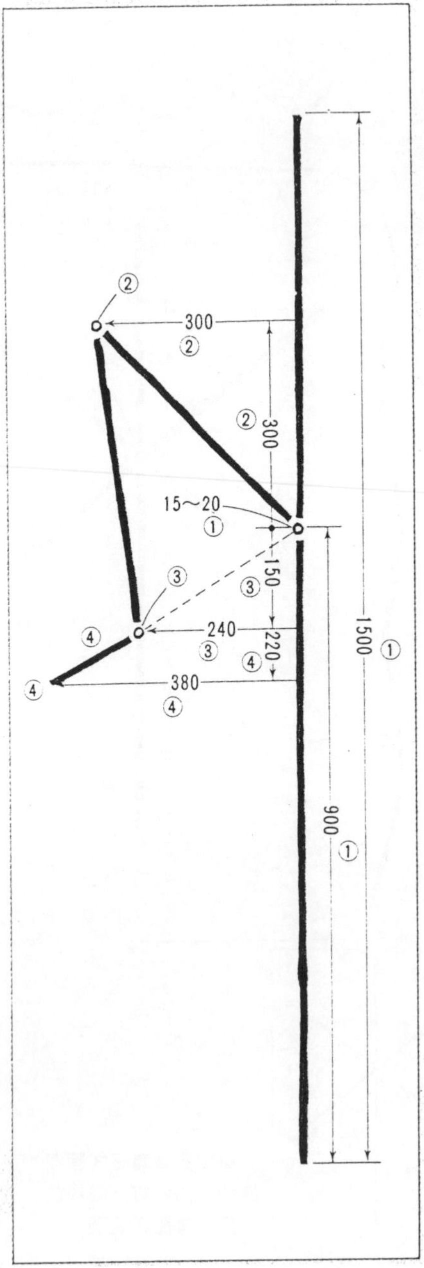

推掌的壁用—正式圖

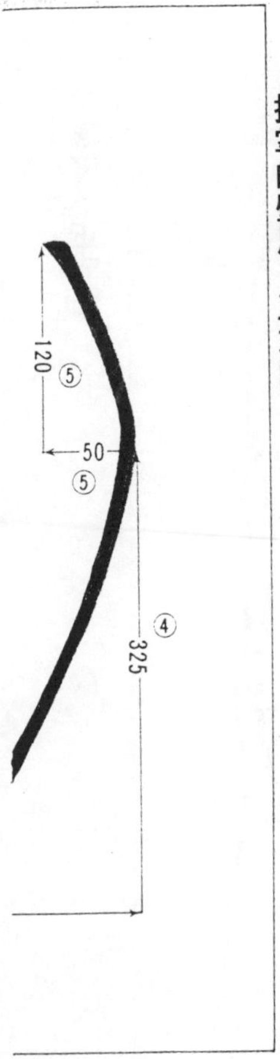

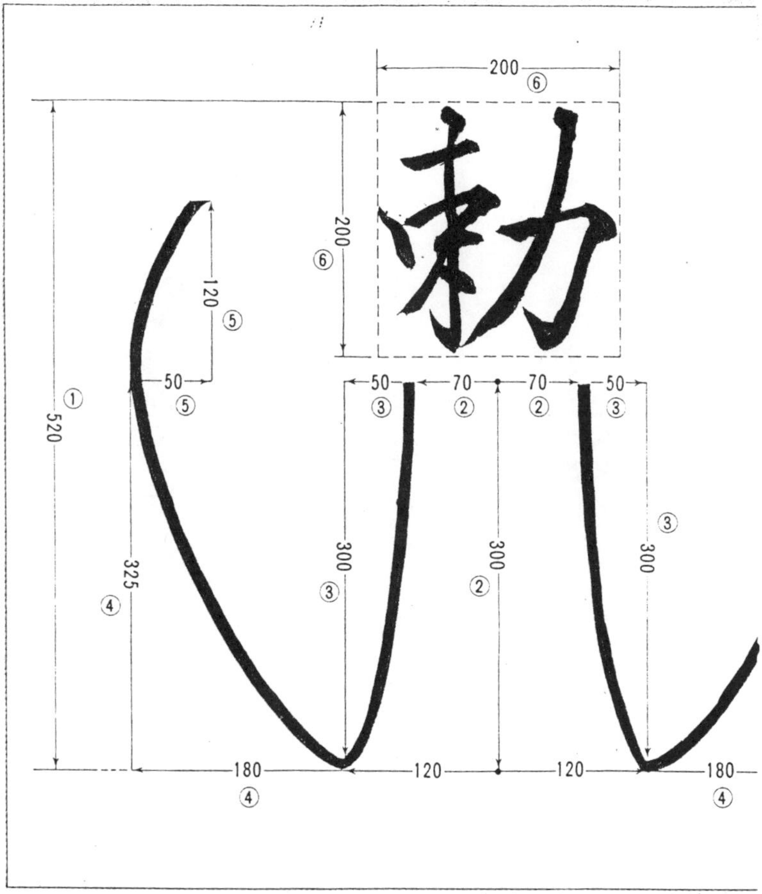
200
⑥
200
⑥
120
⑤
50
⑤
①
520
50
③
70
②
70
②
50
③
325
④
300
③
300
②
300
③
180
④
120
120
180
④

推掌的腳用——正式圖

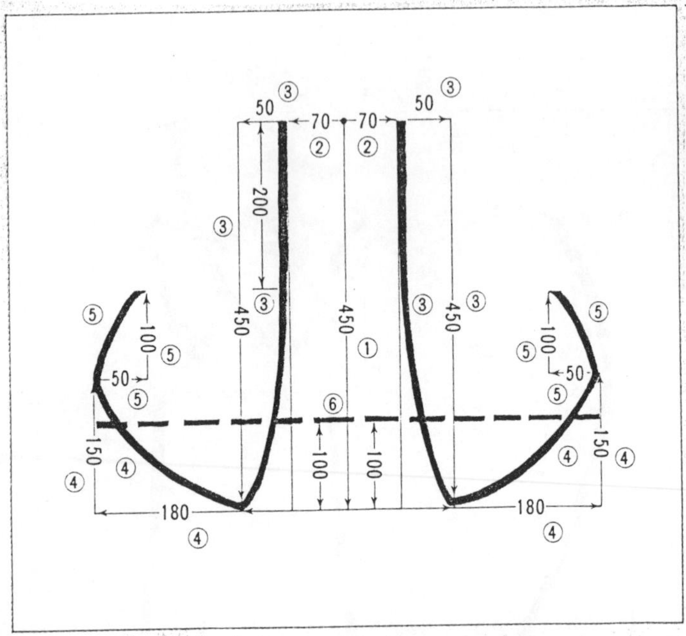

振掌——正式圖

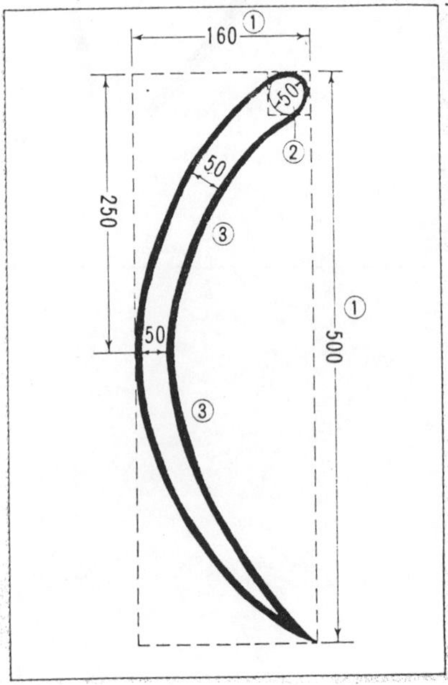

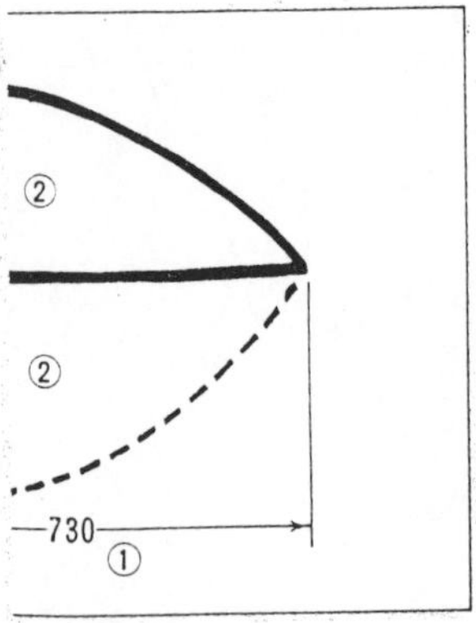

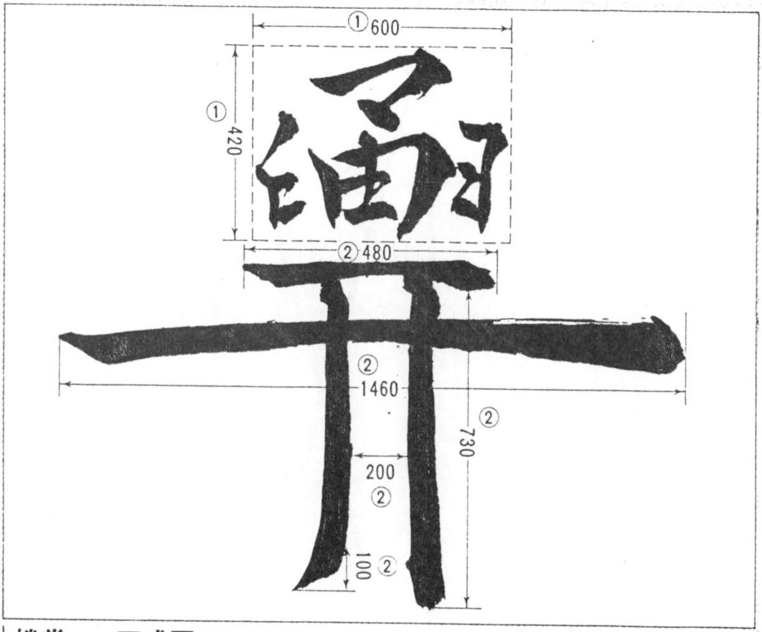

①600
①420
②480
②1460
②730
200②
100②

撐掌——正式圖

撐掌——略圖

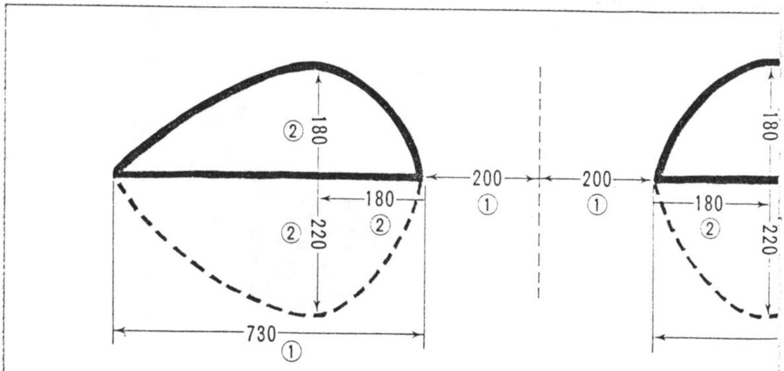

②180
180
180②
②220
220
180②
200①
200①
730①

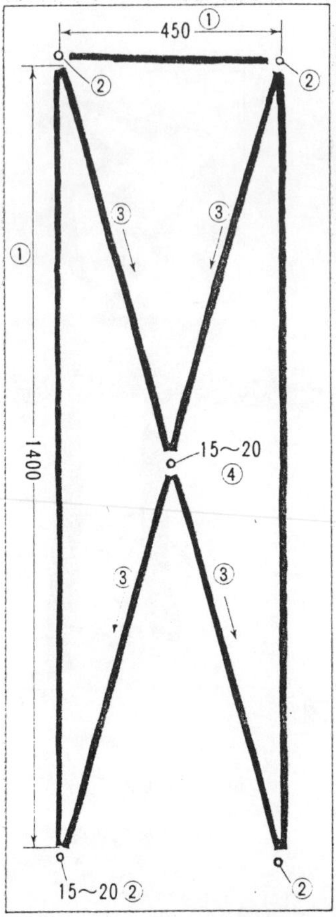

壓降——正式圖

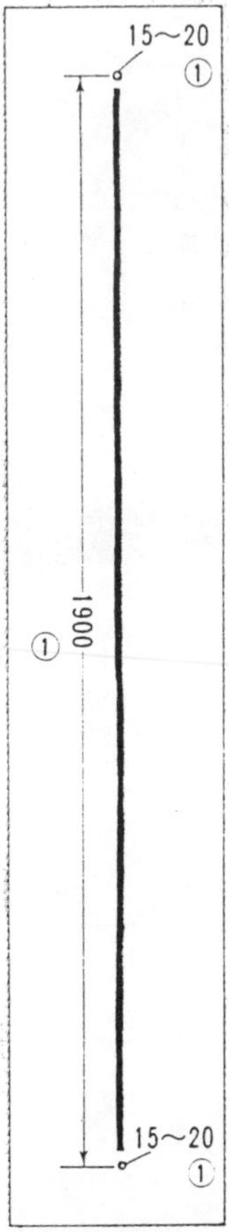

上托——正式圖

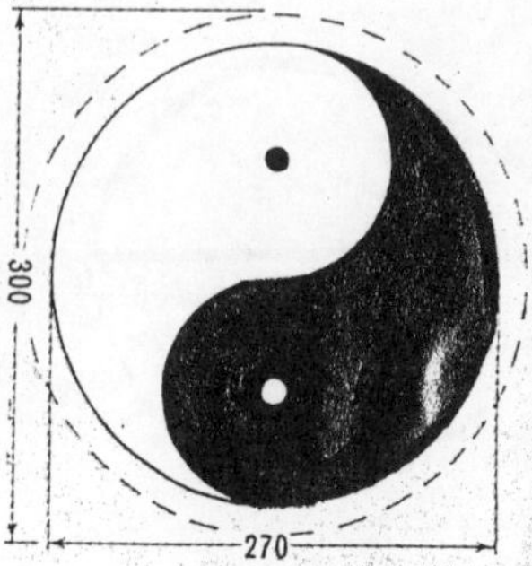

壓降所使用的太極記號—參考圖

*椅子直徑爲300公厘時的實際尺寸

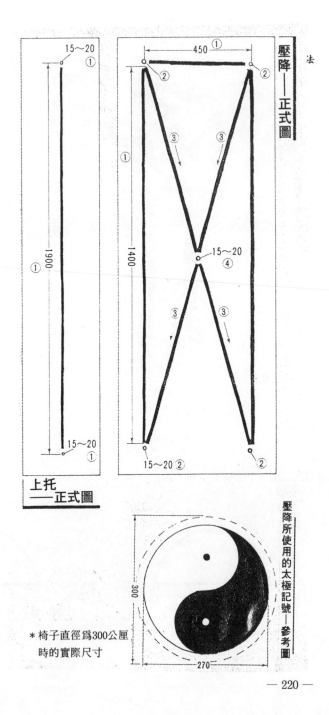

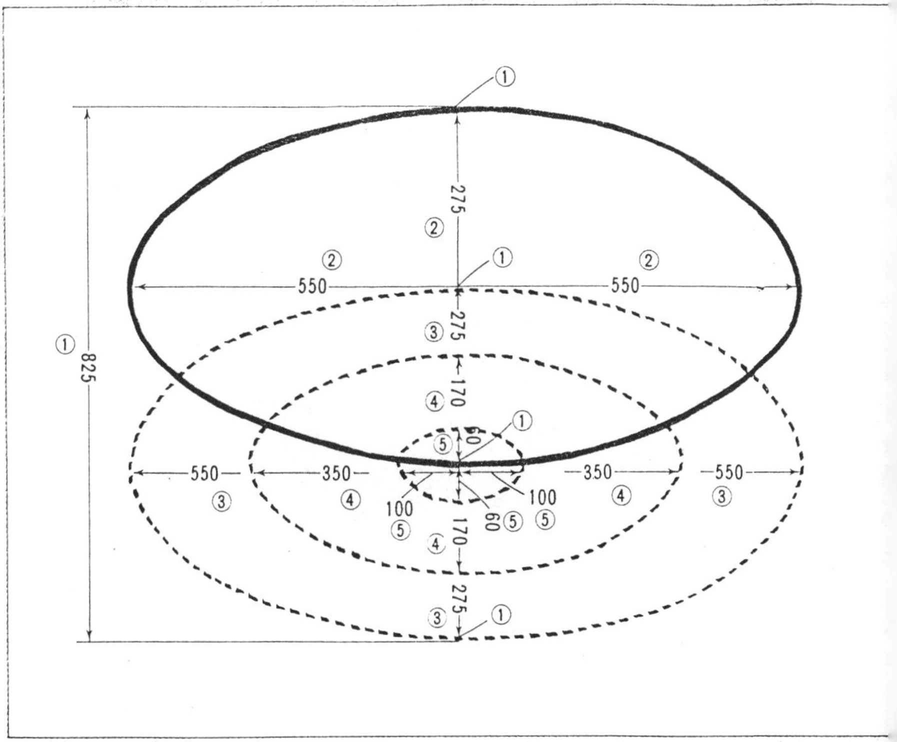
①
275
②
550
550
275
③
170
④
60
⑤
825
350
350
100
100
170
275

開合—正式圖

開合—略圖

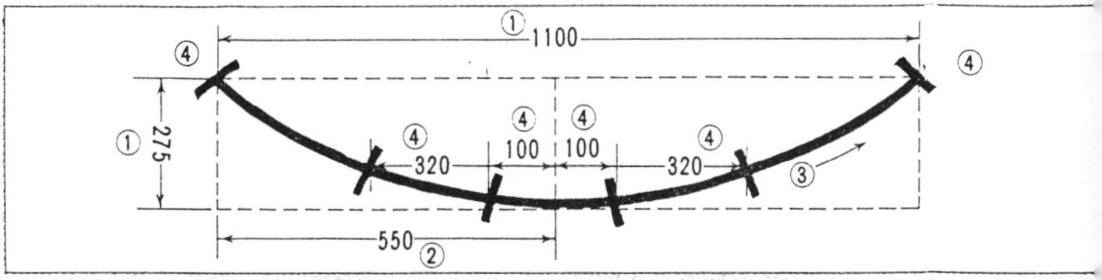
①
1100
④
275
320
100
100
320
③
550
②

旋腕—正式圖

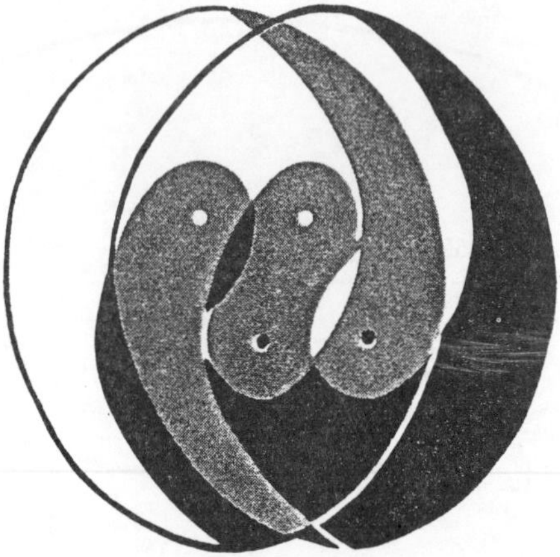

尺寸參照簡圖

旋腕—略圖

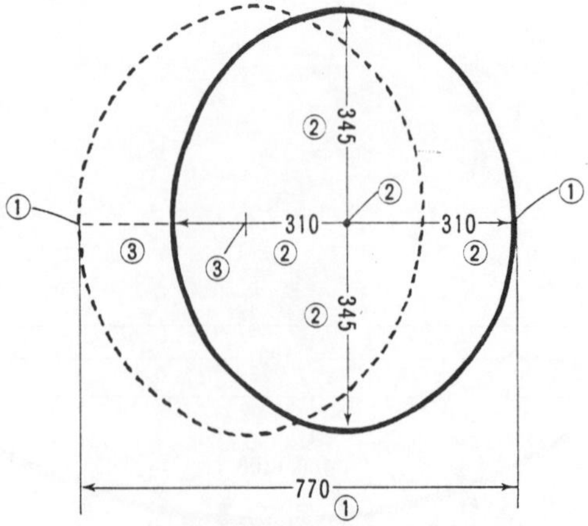

③與②相同，但是由左側的①開始

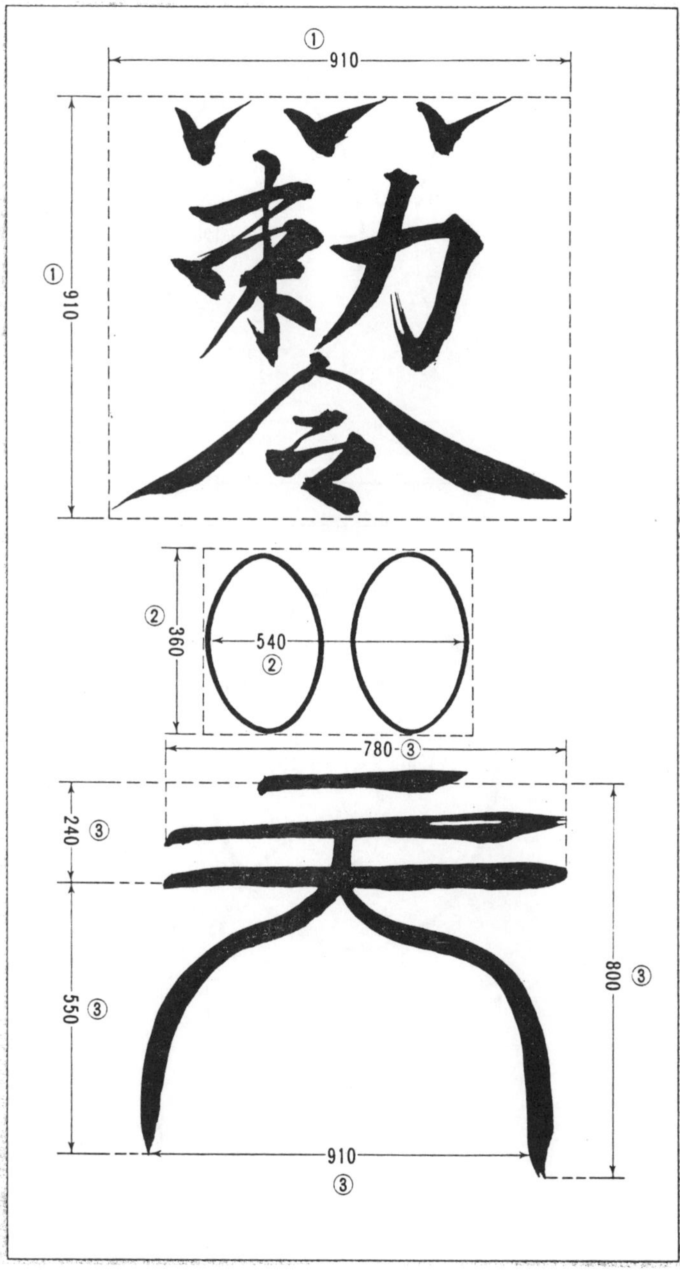
①
910
①
910
②
360
540
②
780-③
240 ③
550 ③
800 ③
910
③

旋掌—略圖

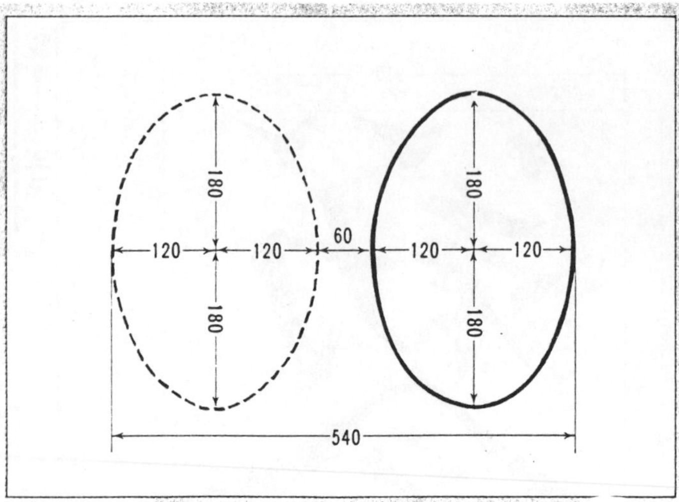

旋氣揉胸揉腹—略圖

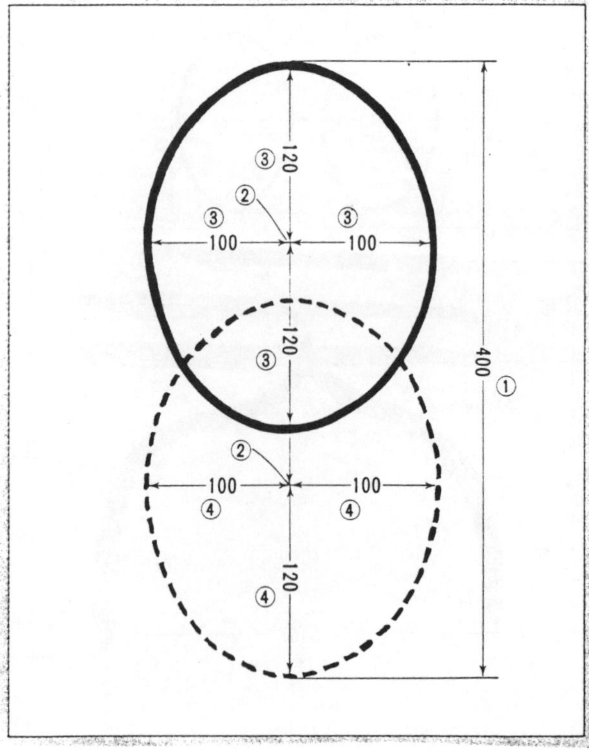

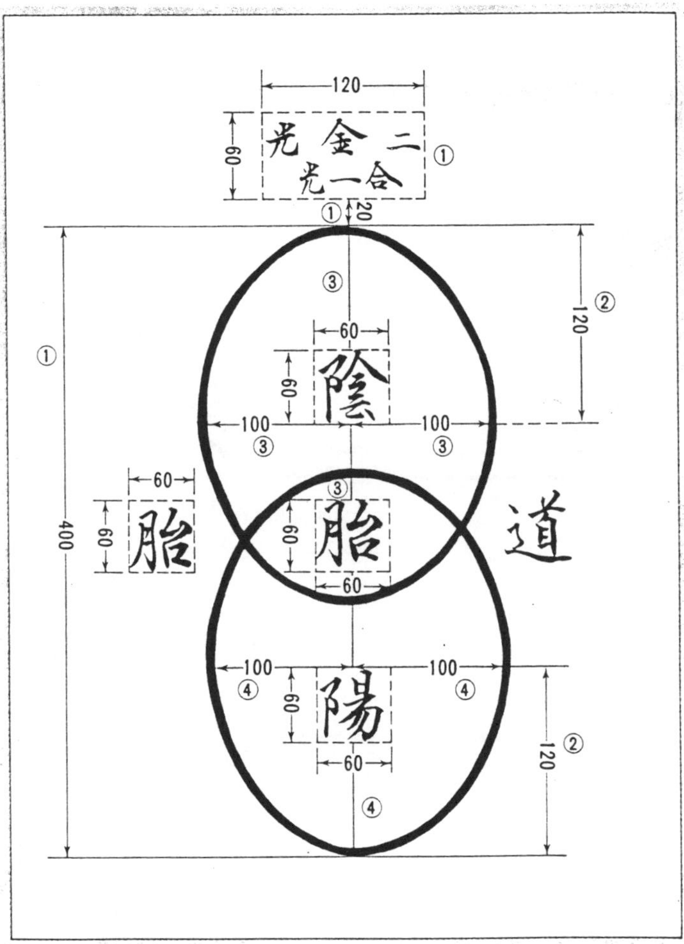
120
60
光金二
光一合
①
20
400
120
②
③
60
陰
100
100
胎
道
陽
④

模魚—正式圖

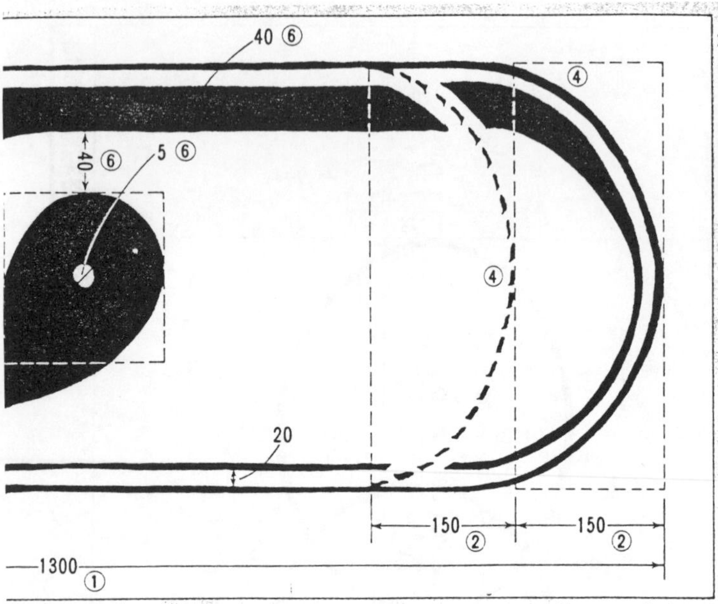

模魚—略圖

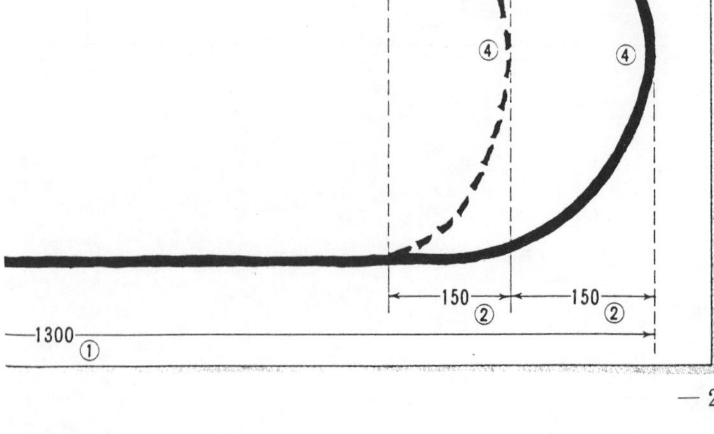

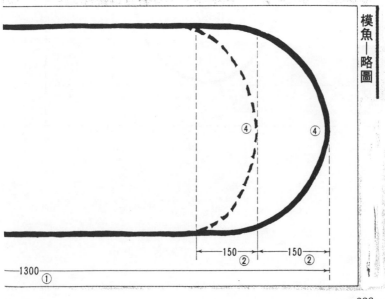

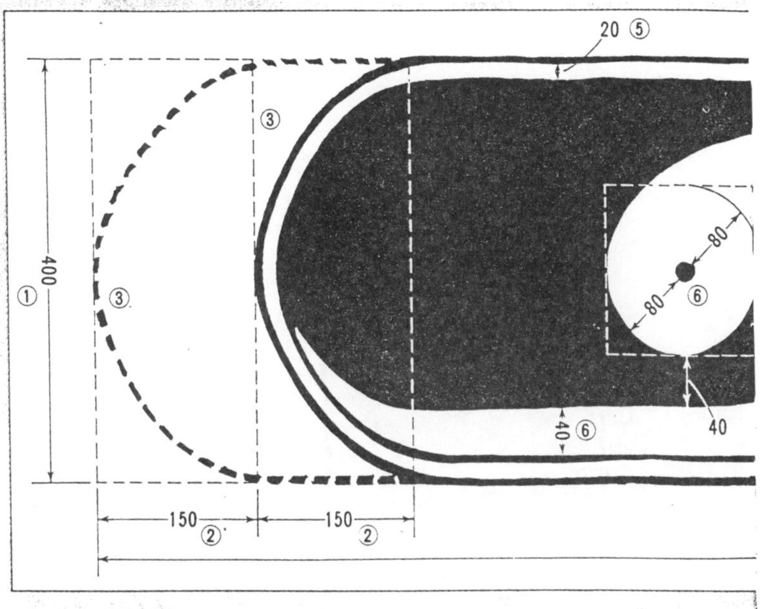
20 ⑤
③
400
①
③
80
80
⑥
40
40 ⑥
150
②
150
②

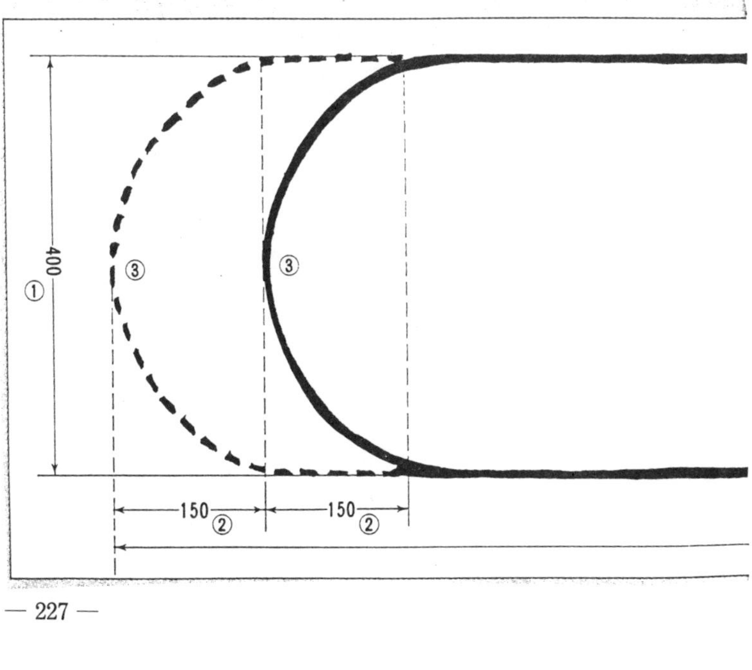
400
①
③
③
150
②
150
②

單人粘頸—正式圖

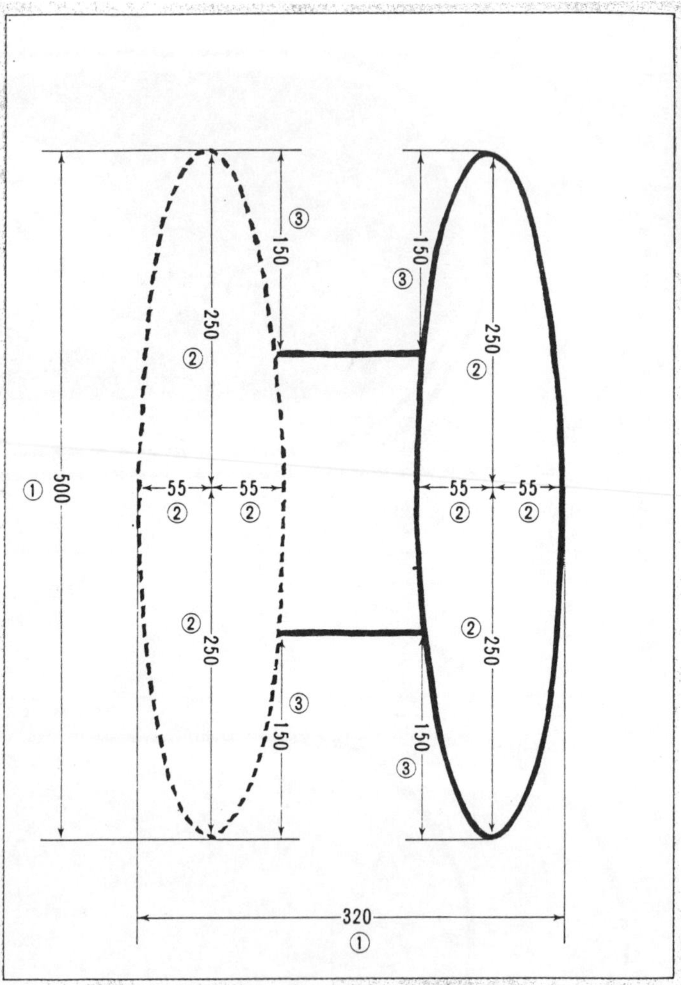

前後擺腕—略圖

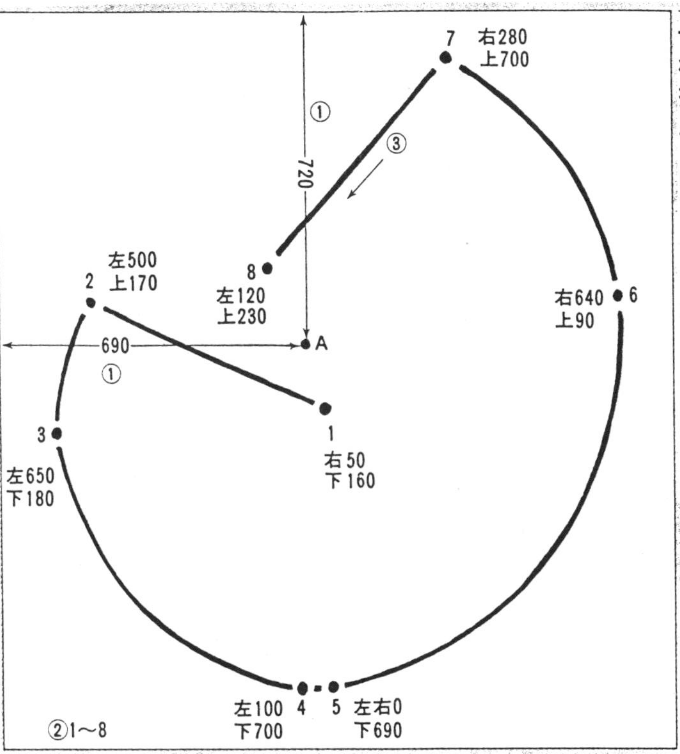
7 右280 上700
①
720
③
8 左120 上230
2 左500 上170
690
A
①
1 右50 下160
3 左650 下180
6 右640 上90
4 左100 下700
5 左右0 下690
②1～8

左右擺腕—略圖

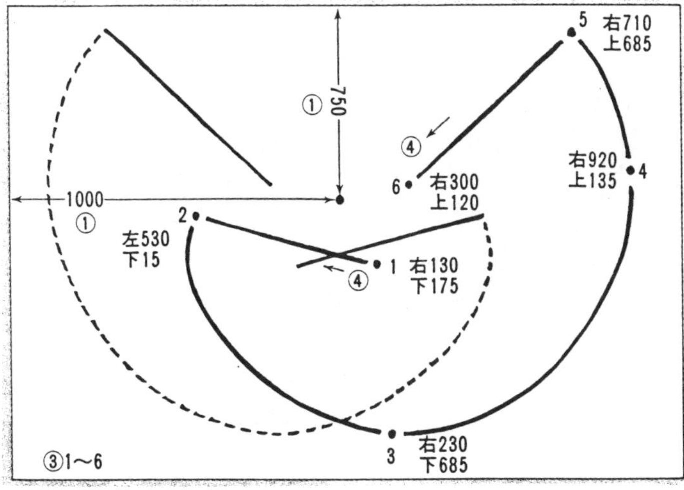
750
①
5 右710 上685
④
4 右920 上135
6 右300 上120
1000
①
2 左530 下15
1 右130 下175
④
3 右230 下685
③1～6

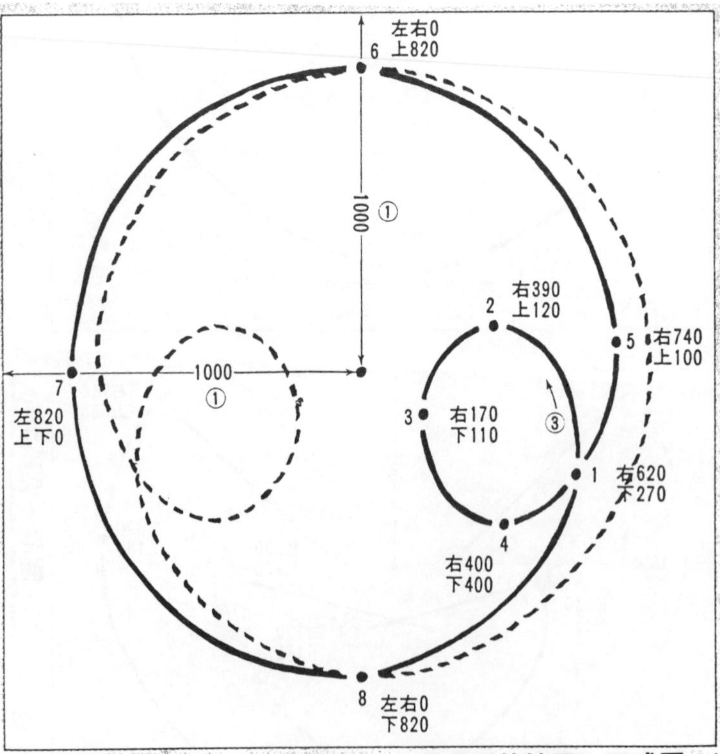
左右0
上820
6
1000
①
2
右390
上120
5
右740
上100
7
1000
①
左820
上下0
3
右170
下110
③
1
右620
下270
4
右400
下400
8
左右0
下820

普通形的摔甩—正式圖

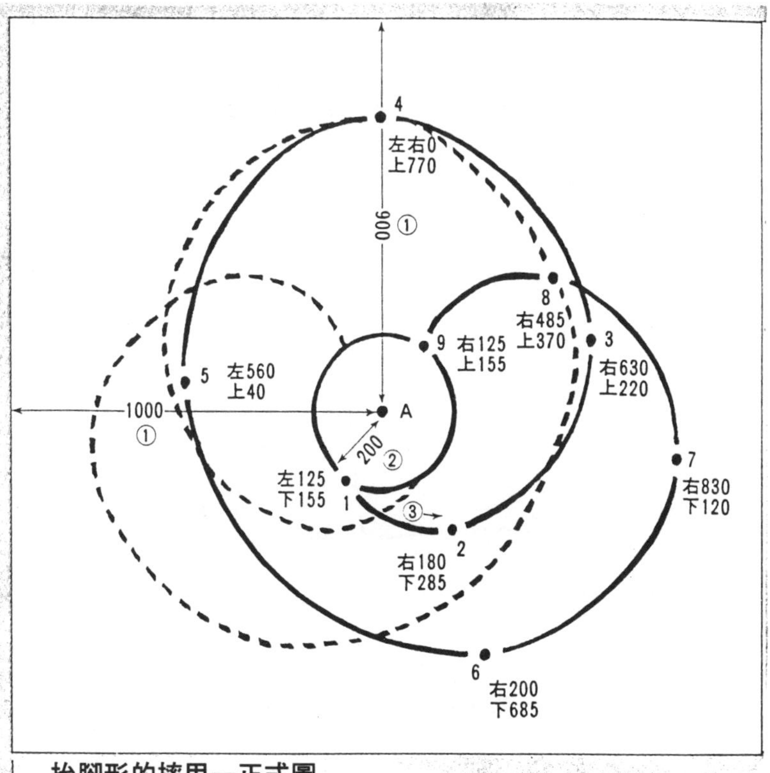
4
左右0
上770
900
①
8
右485
上370
3
右630
上220
9
右125
上155
5
左560
上40
1000
①
A
200
②
左125
下155
1
③
2
右180
下285
7
右830
下120
6
右200
下685

抬腳形的捧甩一正式圖

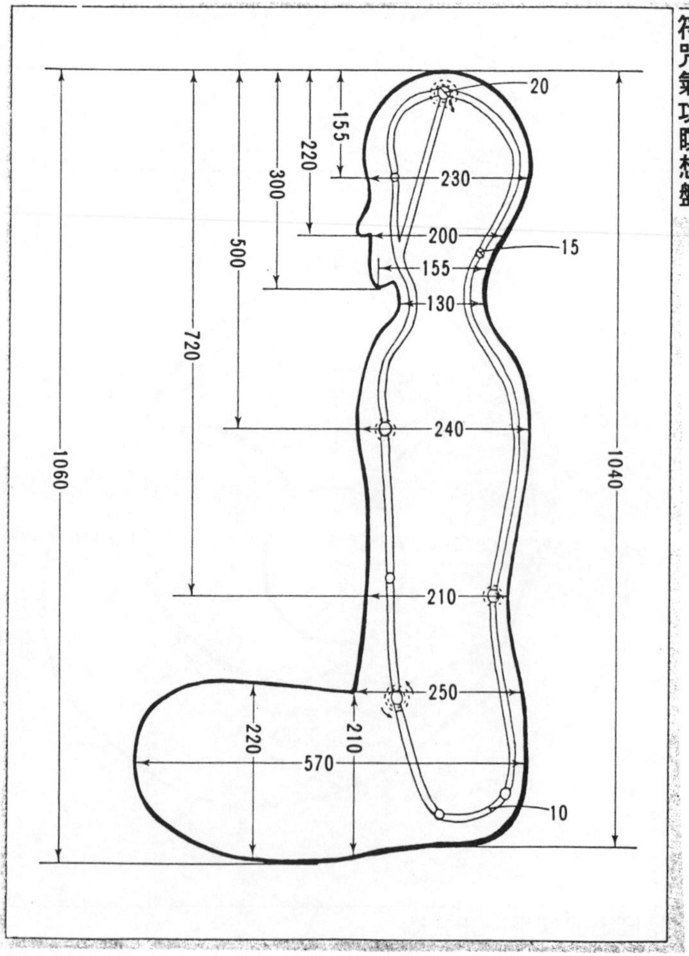
20
155
220
300
500
720
1060
230
200
15
155
130
240
1040
210
250
220
210
570
10

符咒氣功瞑想盤

彩色圖解太極武術

太極功夫扇

武當太極劍
49式

楊式太極劍
56式

楊式太極刀

二十四式太極拳

楊式
三十二式太極劍

四十二式太極劍

四十二式太極拳

楊式二十八式太極拳

楊式太極拳

陳式太極拳

吳式太極拳

《太極功夫扇》姊妹篇
夕陽美
功夫扇56式

綜合四十八式太極拳

三十二式太極拳

楊式三十七式太極拳

楊式五十一式太極劍

嫡傳楊家太極劍五十一式

嫡傳楊家太極刀十三式

導引養生功

全系列為彩色圖解附教學光碟

張廣德養生着作　每冊定價 350 元

輕鬆學武術

太極跤

老拳譜新編

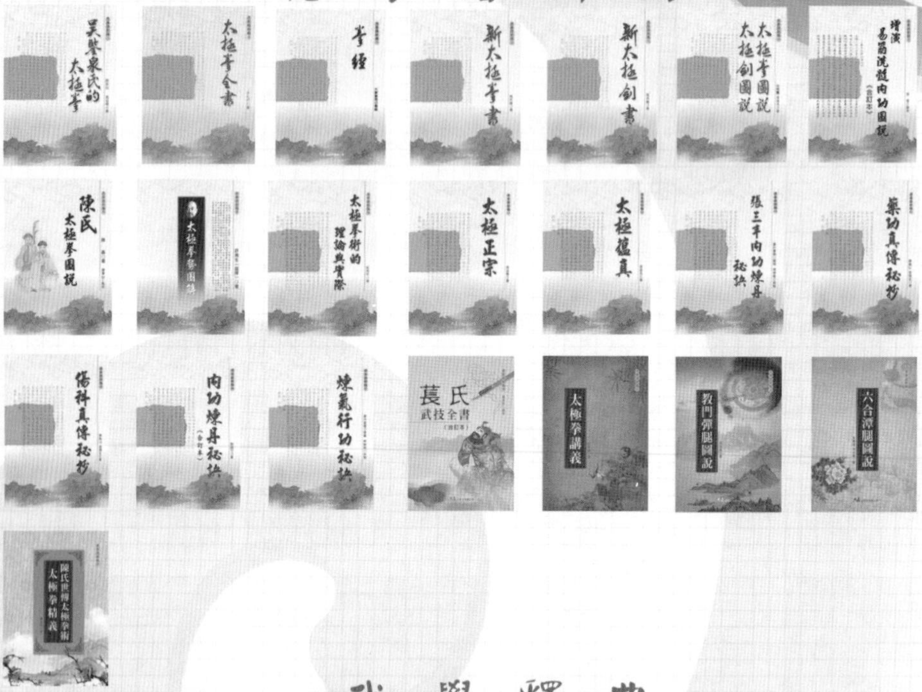
吳鑒泉氏的太極拳
太極拳全書
拳經
新太極拳書
新太極劍書
太極拳圖說
太極劍圖說
增演易筋洗髓內功圖說
陳氏太極拳圖說
太極拳術的理論與實際
太極正宗
太極蘊真
張三丰內功煉丹秘訣
傷科真傳秘抄
內功煉丹秘訣
煉氣行功秘訣
萇氏武技全書
太極拳講義
教門彈腿圖說
六合潭腿圖說
陳氏世傳太極拳術
太極拳精義

武學釋典

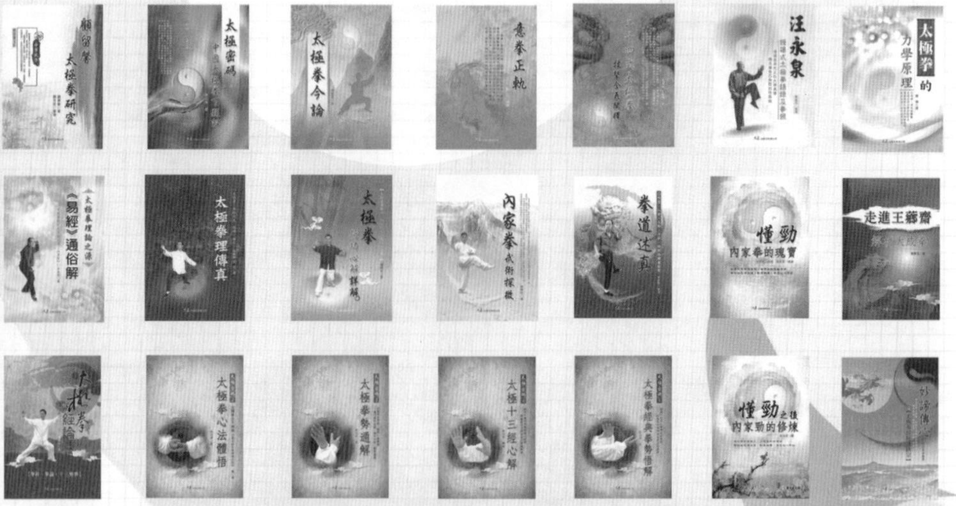
顧留馨
太極拳研究
太極密碼
太極拳今論
意拳正軌
汪永泉
太極拳的力學原理
《易經》通俗解
太極拳理傳真
內家拳武術探微
拳道述真
懂勁
內家拳的瑰寶
走進王薌齋
太極拳心法體悟
太極拳勢通解
太極十三經心解
太極拳經典拳勢悟解
懂勁之後
內家勁的修煉

健康加油站

糖尿病 預防與治療
胃部
不孕症治療
簡易醫學急救法
肥胖 健康診療
高血壓 健康診療
高血糖值 健康診療
尿酸值 健康診療
膽固醇 中性脂肪 健康診療
痛風 劇痛消除法
手腳 病理按摩
B型肝炎 預防與治療
吃得更漂亮健康
茶使您更健康
圖解常見疾病運動療法
簡易萬病自療保健
王朝秘藥媚酒
立見實效保健操
越吃越性福
荷爾蒙與健康
自我保健鍛鍊
斷食促進健康
蔬菜健康法
水果健康法
越吃越苗條
全方位健康藥草
人體記憶地圖
提升免疫力戰勝癌症
腎臟病 預防與治療
怎樣配吃最健康
心臟病 腦中風
科學養生細節
由人相診斷健康
青春期智慧
前列腺(攝護腺)健康診療
下半身鍛鍊法
四高健康

健康加油站

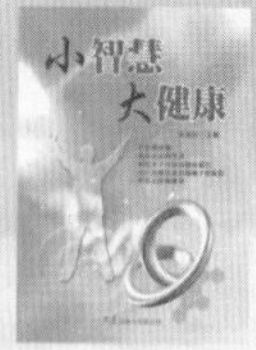

武術武道技術

截拳道入門

體育教材

歡迎至本公司購買書籍

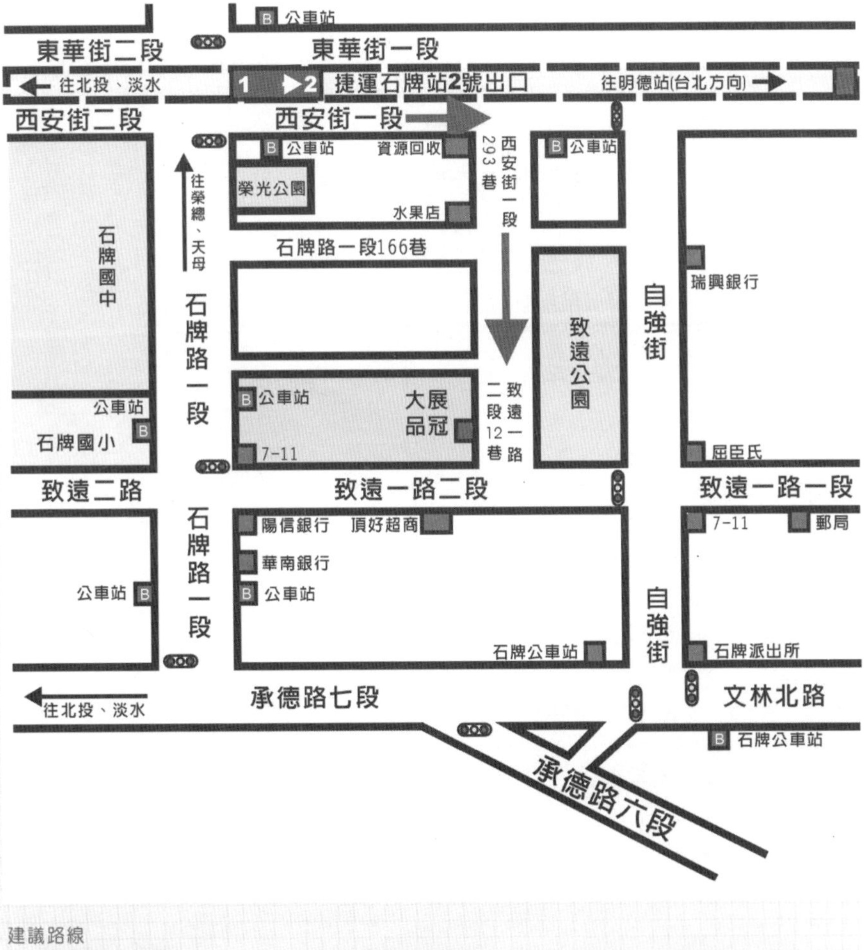

建議路線

1.搭乘捷運・公車

淡水線石牌站下車，由石牌捷運站２號出口出站(出站後靠右邊)，沿著捷運高架往台北方向走(往明德站方向)，其街名為西安街，約走100公尺(勿超過紅綠燈)，由西安街一段293巷進來(巷口有一公車站牌，站名為自強街口)，本公司位於致遠公園對面。搭公車者請於石牌站(石牌派出所)下車，走進自強街，遇致遠路口左轉，右手邊第一條巷子即為本社位置。

2.自行開車或騎車

由承德路接石牌路，看到陽信銀行右轉，此條即為致遠一路二段，在遇到自強街(紅綠燈)前的巷子(致遠公園)左轉，即可看到本公司招牌。

國家圖書館出版品預行編目資料

仙道符咒氣功法 / 高藤聰一郎 著；杜秀卿 譯
——初版，——臺北市，大展，1996 [民 85]
面；21 公分—（超現實心靈講座；17）
ISBN 978-957-557-650-9（平裝）
1.符咒 2.氣功

295 85011680

仙道符咒氣功法

著　　者/高藤聰一郎
編 譯 者/杜　秀　卿
發 行 人/蔡　森　明
出 版 者/大展出版社有限公司
社　　址/臺北市北投區（石牌）致遠一路 2 段 12 巷 1 號
電　　話/（02）28236031，28236033，28233123
傳　　真/（02）28272069
郵政劃撥/01669551
網　　址/www.dah-jaan.com.tw
E-mail/service@dah-jaan.com.tw
登 記 證/局版臺業字第 2171 號
承 印 者/傳興印刷有限公司
裝　　訂/佳昇興業有限公司
排 版 者/千兵企業有限公司
初版 1 刷/1996 年（民 85）12月
初版 2 刷/2020 年（民 109）11月　　定價/250 元

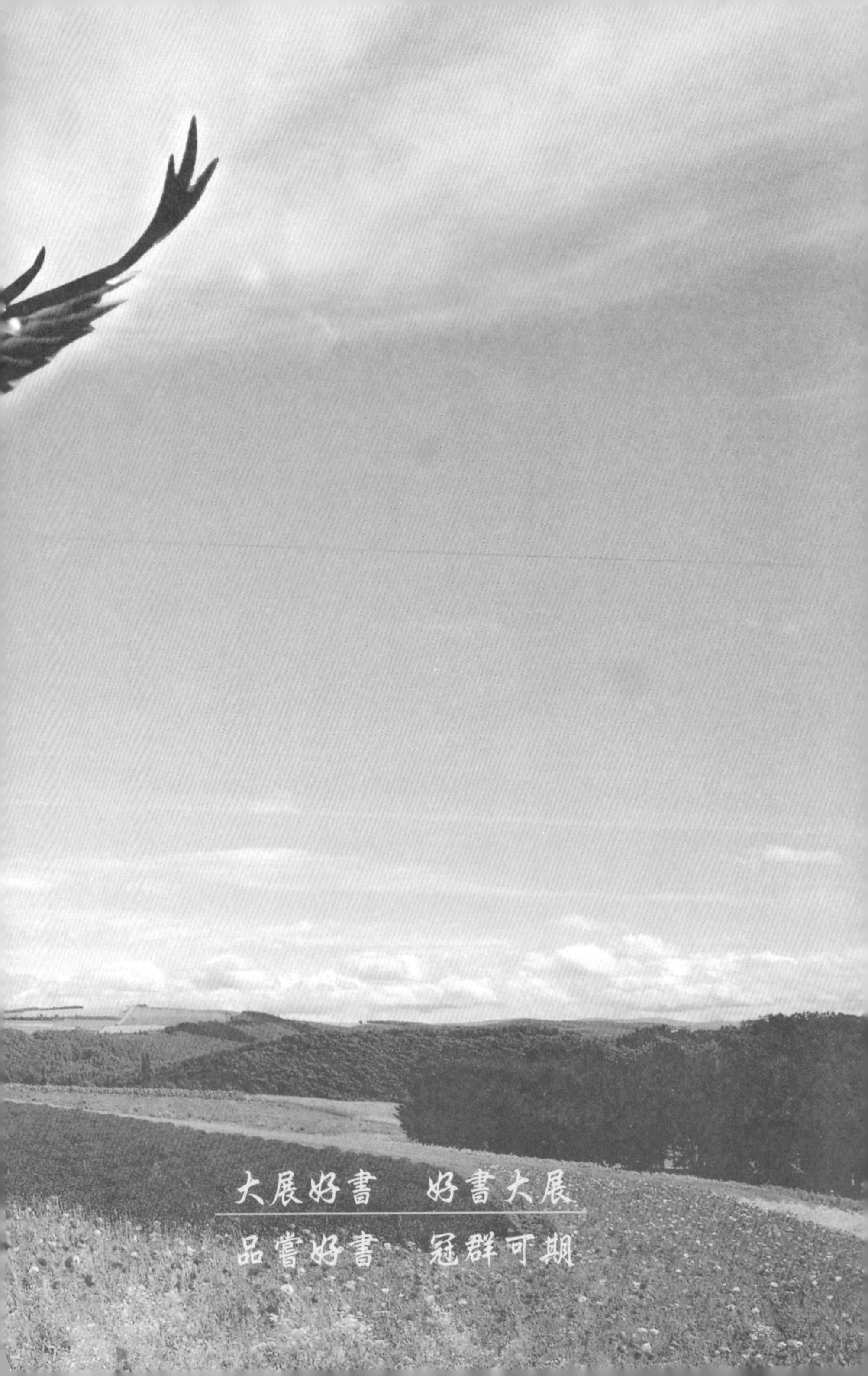
大展好書　好書大展
品嘗好書　冠群可期

大展好書　好書大展
品嘗好書　冠群可期